UNIVERS DES LETTRES

sous la directi

RACINE

BRITANNICUS

Tragédie

avec une notice sur le théâtre au XVIIᵉ siècle,
une biographie chronologique de Racine,
une étude générale de son œuvre,
une **analyse méthodique de la pièce**,
des notes, des questions

par

Maurice MARTIN
agrégé des Lettres
Professeur des classes préparatoires
à l'École normale supérieure de Saint-Cloud
et à l'E.N.S.E.T.
au Lycée Chaptal

Bordas

Portrait de Racine, par J.-B. Santerre

© Bordas 1961 1ʳᵉ édition
© Bordas 1979

I.S.B.N. 2-04-015105-2
I.S.S.N. 0249-7220

LE THÉATRE AU XVIIᵉ SIÈCLE

Origines du théâtre parisien

1398   Les Confrères de la Passion sont établis à Saint-Maur.

1400   Le Synode de Troyes défend aux prêtres d'assister aux spectacles des mimes, farceurs, jongleurs, comédiens.

1402   Les Confrères s'installent à Paris (hôpital de la Sainte-Trinité) et y présentent des mistères, des farces, des moralités.

1539   Ils transportent leurs pénates à l'Hôtel de Flandre.

1543   Celui-ci démoli, ils font construire une salle à l'emplacement de l'hôtel des anciens ducs de Bourgogne (angle des rues Mauconseil et Française : il en reste la Tour de Jean-sans-Peur et une inscription au nº 29 de la rue Étienne-Marcel), tout près de l'ancienne Cour des Miracles.

1548   Un arrêt du Parlement défend aux Confrères la représentation des pièces religieuses, leur réservant en retour le droit exclusif de jouer les pièces profanes (on commence à composer des tragédies imitées de l'antique). Henri IV renouvellera ce monopole en 1597.

Les troupes au XVIIᵉ siècle

1. **L'Hôtel de Bourgogne.** — Locataires de la Confrérie, les « Grands Comédiens » (Molière les nomme ainsi dans *les Précieuses ridicules*, sc. 9) sont des « artistes expérimentés » mais, vers 1660, leur équipe a vieilli. Pour lutter contre la concurrence de Molière, elle s'essaye dans la petite comédie, la farce : « On vit tout à coup ces comédiens graves devenir bouffons », écrivit Gabriel Guéret. A partir de 1670, ils reviennent à la tragédie où éclate leur supériorité (selon le goût du public). Ils touchent une pension de 12 000 livres, que leur avait fait obtenir Richelieu.

2. Le **Théâtre du Marais**, qui fit triompher *le Cid* en 1637, n'a plus, en 1660, « un seul bon acteur ny une seule bonne actrice », selon Tallemant des Réaux. La troupe cherche le salut dans les représentations à grand spectacle, les « pièces à machines » pour lesquelles on double le prix des places. Elle ne touche plus aucune pension.

3. Les **Italiens** sont animés par Tiberio Fiurelli, dit Scaramouche (né à Naples en 1608), mime d'une étonnante virtuosité. Ils improvisent sur un canevas, selon le principe de la *commedia dell'arte*. S'exprimant en italien, ils sont « obligés de gesticuler [...] pour contenter les spectateurs », écrit Sébastien Locatelli. Ils reçoivent 16 000 livres de pension générale et des pensions à titre personnel.

4. La **troupe de Molière** s'est installée à Paris en 1658, d'abord au Petit-Bourbon, puis au Palais-Royal; en 1665, elle est devenue la Troupe du Roi et reçoit 6 000 livres de pension.

5. L'**Opéra**, inauguré le 3 mars 1671 au jeu de paume de Laffemas, près de la rue de Seine et de la rue Guénégaud, est dirigé, à partir de l'année suivante, par Lully.

6. Autres troupes plus ou moins éphémères : celle de Dorimond ; les Espagnols ; les danseurs hollandais de la foire Saint-Germain ; les animateurs de marionnettes. Enfin, de dix à quinze troupes circulent en province, selon Chappuzeau.

En 1673 (ordonnance du 23 juin), la troupe du Marais fusionne avec celle de Molière qui a perdu son chef. Installés à l'**hôtel Guénégaud**, ces comédiens associés se vantent d'être les Comédiens du Roi ; cependant, ils ne touchent aucune pension.

En **1680** (18 août), ils fusionnent avec les Grands Comédiens ; ainsi se trouve fondée la **Comédie-Française.** « Il n'y a plus présentement dans Paris que cette seule compagnie de comédiens du Roi entretenus par Sa Majesté. Elle est établie en son hôtel, rue Mazarini, et représente tous les jours sans interruption ; ce qui a été une nouveauté utile aux plaisirs de cette superbe ville, dans laquelle, avant la jonction, il n'y avait comédie que trois fois chaque semaine, savoir le mardi, le vendredi et le dimanche, ainsi qu'il s'était toujours pratiqué. » (Préface de Vinot et La Grange pour l'édition des œuvres de Molière, 1682.)

Les comédiens : condition morale

Par ordonnance du 16 avril 1641, Louis XIII les a relevés de la déchéance qui les frappait : « Nous voulons que leur exercice, qui peut innocemment divertir nos peuples de diverses occupations mauvaises, ne puisse leur être imputé à blâme, ni préjudice à leur réputation dans le commerce public. »

Cependant, le *Rituel du diocèse de Paris* dit qu'il faut exclure de la communion « ceux qui sont notoirement excommuniés, interdits et manifestement infâmes : savoir les [...] comédiens, les usuriers, les magiciens, les sorciers, les blasphémateurs et autres semblables pécheurs ». La *Discipline des protestants de France* (chap. XIV, art. 28) dit : « Ne sera loisible aux fidèles d'assister aux comédies, tragédies, farces, moralités et autres jeux joués en public et en particulier, vu que de tout temps cela a été défendu entre les chrétiens comme apportant corruption de bonnes mœurs. »

On sait comment fut enterré Molière. Au XVIIIe siècle, après la mort d'Adrienne Lecouvreur, Voltaire pourra encore s'élever (*Lettres philosophiques*, XXIII) contre l'attitude de l'Église à l'égard des comédiens non repentis.

Les comédiens : condition matérielle

Les comédiens gagnent largement leur vie : de 2 500 livres à 6 000 livres par an (à cette époque, un charpentier gagne 1/2 livre par jour) ; ils reçoivent une retraite de 1 000 livres lorsqu'ils abandonnent la scène. La troupe forme une société : chacun touche une part, une moitié ou un quart de part des recettes, — déduction faite des frais. Le chef des Grands Comédiens touche une part et demie. Molière en touche deux, à cause de sa qualité d'auteur.

LA VIE DE RACINE (1639-1699)

1639 (22 décembre)   Baptême de Jean Racine, fils de Jean RACINE, contrôleur du grenier à sel de la Ferté-Milon, et de Jeanne SCONIN, fille de Pierre Sconin, procureur royal des Eaux et Forêts de Villers-Cotterêts. Les Racine prétendaient avoir été anoblis vers la fin du XVIe siècle.

1641 (28 janvier)   Mort de Mme Racine qui avait mis au monde, le 24 janvier, une fille baptisée Marie.

1643 (6 février)   Mort du père (remarié en 1642) : il ne laisse que des dettes. D'abord élevés par leur grand-père Sconin, à la mort de ce dernier les deux orphelins sont pris en charge par leur grand-mère paternelle, Marie DESMOULINS, marraine du petit Jean, et dont la fille Agnès (née en 1626) devait devenir abbesse de Port-Royal sous le nom de Mère AGNÈS DE SAINTE-THÈCLE. De treize ans son aînée, Agnès se montre pour l'enfant une vraie mère, ce qui explique les remontrances qu'elle lui fera plus tard, quand elle craindra pour son âme.

1649   A la mort de son mari, Marie Desmoulins emmène Jean à **Port-Royal** où elle a des attaches (une de ses sœurs, Suzanne, était morte en 1647 dans la maison de Paris; l'autre, Mme Vitart, était oblate à Port-Royal des Champs) et où elle-même prend le voile.

1649-1653   Racine est admis aux **Petites Écoles** tantôt à Paris, tantôt au Chesnay ou aux Champs, dans le domaine des Granges où les élèves logent avec les Solitaires. Il a Nicole pour maître en Troisième.

1654-1655   Classes de Seconde et de Première au Collège de Beauvais, qui appartient également aux Jansénistes.

1655-1658   Retour à **Port-Royal des Champs.** « Lancelot lui apprit le grec, et dans moins d'une année le mit en état d'entendre les tragédies de Sophocle et d'Euripide » (Valincour à l'abbé d'Olivet, cité dans l'*Histoire de l'Académie*, 1858, t. II, p. 328). La formation que Racine a reçue de l'helléniste Lancelot, du latiniste Nicole, d'Antoine Le Maître et de « Monsieur » Hamon, tous hommes d'une piété austère, aura une influence considérable sur son œuvre, et explique qu'on ait pu voir des chrétiennes plus ou moins orthodoxes en Phèdre et Andromaque. Peut-être aussi cette éducation sévère a-t-elle fait de Racine un replié qui explosera dès qu'il en trouvera la liberté : c'est l'opinion de Sainte-Beuve.

1659   A sa sortie du Collège d'Harcourt, où il a fait sa philosophie, Racine demeure à Paris où il retrouve Nicolas Vitart, cousin germain de son père et secrétaire du duc de Luynes. Il manifeste quelque tendance à mener joyeuse vie et semble avoir fait connaissance, dès cette époque, avec La Fontaine. Ambitieux, désireux de faire une carrière littéraire, il recherche avec habileté la faveur des grands.

1660   Ode en l'honneur du mariage du roi : *la Nymphe de la Seine*. D'après Sainte-Beuve, Chapelain aurait déclaré : « L'Ode est fort belle, fort poétique, et il y a beaucoup de stances qui ne peuvent être mieux. Si l'on repasse le peu d'endroits que j'ai marqués, on en fera une fort belle pièce. » Aussi intéressante, pour le jeune arriviste, est la gratification de cent louis qui accompagne ce compliment.

1661   Retraite à **Uzès** chez son oncle, le chanoine Sconin, vicaire général, dont il espère recevoir le bénéfice. Il étudie la théologie et... s'ennuie. D'Uzès, il écrit à La Fontaine : « Toutes les femmes y sont éclatantes, et s'y ajustent d'une façon qui leur est la plus naturelle du monde [...]. Mais comme c'est la première chose dont on m'a dit de me donner de garde, je ne veux pas en parler davantage [...]. On m'a dit : *Soyez aveugle!* Si je ne le puis être tout à fait, il faut du moins que je sois muet; car, voyez-vous, il faut être régulier avec les réguliers, comme j'ai été loup avec les autres loups vos compères. *Adiousas!* »

1662   Déçu de n'avoir obtenu, pour tout bénéfice, qu'un petit prieuré, Racine revient à Paris où, en janvier 1663, il publie une ode : *la Renommée aux Muses*. Il voudrait sa part de la manne royale dont tout le monde parle dans la République des Lettres : la première liste officielle de gratifications sera publiée en 1664 et le jeune poète sera inscrit pour 600 livres.

1663 (12 août)   Marie Desmoulins meurt à Port-Royal de Paris.

1664 (20 juin)   Première représentation de **la Thébaïde ou les Frères ennemis** par la troupe du Palais-Royal que dirige Molière.

1665   Lecture de trois actes et demi d'*Alexandre* chez la comtesse de Guénégaud (4 décembre). Puis représentation de la tragédie par la troupe de Molière avec un grand succès. Saint-Evremond écrit une dissertation sur l'*Alexandre* de Racine et la *Sophonisbe* de Corneille. C'est alors que Racine se **brouille avec Molière :** il porte sa tragédie chez les comédiens de l'Hôtel de Bourgogne.

1666   Nicole faisait paraître, depuis 1664, une série de *Lettres sur l'Hérésie imaginaire* (c'est-à-dire le jansénisme) : les dix premières seront nommées *les Imaginaires*, les huit suivantes *les Visionnaires*. Dans la première *Visionnaire*, Nicole traite le « faiseur de romans » et le « poète de théâtre » d' « empoisonneur public, non des corps, mais des âmes des fidèles ». Racine répond : « Vous pouviez employer des termes plus doux que ces mots d'*empoisonneurs publics* et de *gens horribles parmi les chrétiens*. Pensez-vous que l'on vous en croie sur parole? Non, non, Monsieur, on n'est point accoutumé à vous croire si légèrement. Il y a vingt ans que vous dites tous les jours que les Cinq Propositions ne sont pas dans Jansénius; cependant on ne vous croit pas encore. » La raillerie « sent déjà Voltaire », observe M. Mauriac.

1667 (mars)   Maîtresse de Racine, la comédienne **Thérèse Du Parc** quitte la troupe de Molière et crée **Andromaque** à l'Hôtel de Bourgogne. Ils se marièrent secrètement (le chanoine Chagny en a fourni la preuve en 1962) et eurent une fille qui mourut à l'âge de huit ans.

6

1668 (décembre) Mort de la Du Parc, dans des conditions assez mystérieuses : la mère parle d'empoisonnement[1].

1669 (13 décembre) Échec de **Britannicus**, malgré la protection déclarée du roi. La tragédie a eu pour interprète la nouvelle maîtresse de Racine, la **Champmeslé**, « la plus merveilleuse bonne comédienne que j'aie jamais vue : elle surpasse la Desœillets de cent lieues loin » (Mme de Sévigné, 15 janvier 1672).

1670 (21 novembre) Première de *Bérénice*. Racine entre en lutte ouverte avec Corneille. D'après Fontenelle (*Vie de Corneille*, 1729), le sujet aurait été proposé au poète par Henriette d'Angleterre, qui l'aurait également suggéré à Corneille, sans dire ni à l'un ni à l'autre qu'elle engageait une compétition. Les plus récents historiens littéraires, ainsi M. Pommier, n'ajoutent pas foi à cette tradition. En 1660, comme Titus, Louis XIV avait triomphé de sa passion (pour Marie Mancini, nièce de Mazarin) : on tenait à l'en louer.

Racine mène alors une vie agitée. Les ennemis ne lui manquent pas : les deux Corneille et leur neveu Fontenelle; les gazetiers Robinet et Donneau de Visé; la comtesse de Soissons (chez qui s'est retirée la mère de la Du Parc), la duchesse de Bouillon, les ducs de Vendôme et de Nevers... Mais il a de puissants protecteurs dans le roi, Mme de Montespan et sa sœur Mme de Thianges; il a deux bons amis : La Fontaine et Boileau.

1677 (1er janvier) Première de **Phèdre**. La cabale montée par la duchesse de Bouillon et son frère le duc de Nevers (ils avaient commandé à Pradon *Phèdre et Hippolyte*) fait tomber la pièce.

(1er juin) Mariage de Racine avec Catherine de ROMANET : il en aura sept enfants.

(Octobre) Racine et Boileau nommés **historiographes** du roi. Le 13 du mois, Mme de Sévigné écrit à Bussy : « Vous savez bien que [le roi] a donné 2 000 écus de pension à Racine et à Despréaux, en leur commandant de tout quitter pour travailler à son histoire. » Ainsi la retraite de Racine est due à cette ascension sociale, non à sa conversion qui eut lieu la même année; pour la même raison, à partir de 1677, Boileau cesse d'écrire des vers et, dans sa préface de 1683, il parlera du « glorieux emploi qui [l'] a tiré du métier de la poésie ».

1679 La Voisin, une des principales inculpées dans l'**affaire des poisons**, accuse Racine : elle a entendu dire, par la mère de la Du Parc, qu'il n'aurait pas été étranger à la mort de la comédienne. Désormais, selon M. Clarac, Racine aura « en horreur sa vie passée ».

---

1. Elle accuse Racine d'avoir agi par jalousie. Ainsi débute l'affaire des poisons. En 1670, on trouve chez la marquise de Brinvilliers un attirail d'empoisonneuse. Arrêtée en 1676, porteuse d'une confession écrite qui terrifie les enquêteurs, elle est bientôt exécutée. Mais l'on a découvert une véritable bande de femmes qui vendaient des poisons appelés « poudres de succession ». Le roi convoque une Chambre ardente : elle fait arrêter les coupables et enregistre la dénonciation faite par la Voisin. En janvier 1680, un ordre d'arrestation sera lancé contre Racine mais, par suite d'une très haute intervention, l'affaire en restera là pour le poète.

1685 (2 janvier) Racine, directeur de l'Académie française, reçoit Thomas
  Corneille qui remplace son frère dans la docte assemblée. Faisant
  un bel éloge de l'ancien rival, Racine déclare : « A dire le vrai, où
  trouvera-t-on un poète qui ait possédé à la fois tant de grands talents,
  tant d'excellentes parties : l'art, la force, le jugement, l'esprit ! Quelle
  noblesse, quelle économie dans les sujets ! Quelle véhémence dans les
  passions ! Quelle gravité dans les sentiments ! Quelle dignité, et en
  même temps quelle prodigieuse variété dans les caractères ! »

1687 Racine donne une nouvelle édition de son théâtre. Sa conversion
  ne l'a donc pas conduit à négliger son œuvre passée et à se rallier
  aux vues de Nicole.

1689 (26 janvier) Première représentation d'**Esther**, pièce sacrée commandée
  par Mme de Maintenon pour les « demoiselles de Saint-Cyr ».

1690 Racine est nommé **gentilhomme ordinaire du roi** et, en 1693,
  faveur insigne, sa charge deviendra héréditaire. Dans un texte
  rédigé entre 1690 et 1697 (Spanheim, *Relation de la Cour de France*,
  1882, p. 402), on lit : « M. de Racine a passé du théâtre à la cour, où
  il est devenu habile courtisan, dévot même [...]. Pour un homme
  venu de rien, il a pris aisément les manières de la cour [...] et il est
  de mise partout, jusques au chevet du lit du Roi, où il a l'honneur
  de lire quelquefois, ce qu'il fait mieux qu'un autre. »

1691 (5 janvier) Représentation d'*Athalie* à Saint-Cyr, sans décor ni costumes.
  Les conditions de ce spectacle amèneront Francisque Sarcey à se
  demander s'il ne serait pas possible de jouer les grandes pièces
  classiques « dans une grange ».

1691-1693 Racine accompagne le roi aux sièges de Mons et de Namur, mais
  il n'est resté de son œuvre d'historiographe que des récits fragmen-
  taires. Sa pension sera double de celle de Boileau.

1693-1698 *Abrégé de l'histoire de Port-Royal*, écrit à la gloire de ses anciens
  maîtres pour lesquels il ne cesse de s'entremettre auprès du roi.
  Nouvelle édition des *Œuvres complètes*, augmentées de pièces diverses
  et de *Quatre Cantiques spirituels*. L'amitié de Racine pour les jansénistes ne trouble pas ses relations avec le roi, quoi qu'on en ait dit :
  il continue d'être invité à Marly et, le 6 mai 1699, Boileau écrira à
  Brossette que « Sa Majesté a parlé de M. Racine d'une manière à
  donner envie aux courtisans de mourir s'ils croyaient qu'Elle
  parlât d'eux de la sorte après leur mort ».

1699 (21 avril) Mort de Racine. Son « petit testament » exprime ces volontés :
  *Je désire qu'après ma mort mon corps soit porté à Port-Royal des Champs, et
  qu'il soit inhumé dans le cimetière, aux pieds de la fosse de M. Hamon. Je supplie
  très humblement la mère abbesse et les religieuses de vouloir bien m'accorder
  cet honneur, quoique je m'en reconnaisse indigne, et par les scandales de ma vie
  passée, et par le peu d'usage que j'ai fait de l'excellente éducation que j'ai reçue
  autrefois dans cette maison, et des grands exemples de piété et de pénitence que
  j'y ai vus et dont je n'ai été qu'un stérile admirateur. Mais plus j'ai offensé
  Dieu, plus j'ai besoin des prières d'une si sainte communauté pour attirer sa
  miséricorde sur moi. Je prie aussi la mère abbesse et les religieuses de vouloir
  accepter une somme de huit cents livres.*
  Fait à Paris, dans mon cabinet, le 10 octobre 1698.

1711 (2 décembre) Après la destruction de Port-Royal, les cendres de Racine
  sont transférées, avec celles de Pascal, à Saint-Étienne-du-Mont.

RACINE : L'HOMME

Au physique, nous ne pouvons connaître le jeune Racine. Selon M. Frantz Calot (*les Portraits de Racine,* 1941), on ne peut plus voir l'auteur d'*Andromaque* dans le jeune séducteur peint par François de Troy. Comme, d'autre part, M. R. Picard nous assure que ni le portrait de Chambord, attribué à Largillière, ni celui de Toulouse, attribué à Rigaud, ne respectent Racine — nous en sommes réduits à une seule image : le portrait de Santerre (voir p. 2), qui nous présente un solennel courtisan; il date de 1696-1697.

Au moral, même mystère : sensibilité, cruauté, ambition, piété.

Le tendre Racine. « Il était né tendre, et vous l'entendrez assez dire. Il fut tendre pour Dieu lorsqu'il revint à lui [...] il le fut pour ce roi dont il avait tant de plaisir à écrire l'histoire; il le fut toute sa vie pour ses amis; il le fut, depuis son mariage et jusqu'à la fin de ses jours, pour sa femme, et pour ses enfants sans prédilection. » Mme de Sévigné confirme-t-elle ce pieux témoignage d'un fils quand elle observe que Racine « aime Dieu comme il a aimé ses maîtresses »? Certains faits incitent à le croire : l'élan qui jeta le poète aux pieds du grand Arnauld, ses larmes quand sa fille prit le voile...

Le cruel Racine. Mais pensons à la méchanceté du jeune auteur dramatique envers Nicole; à sa conduite avec Molière... Et quel rôle joua-t-il dans la mort de Thérèse Du Parc?

L'arriviste. Orphelin sans fortune, Racine fut hanté par le désir de parvenir. Envoyé à Uzès, auprès du chanoine Sconin son oncle, qui pouvait lui obtenir un bénéfice ecclésiastique, et voyant son espoir se dissiper, le jeune homme écrit, le 25 juillet 1662 : « Je ne suis pas venu si loin pour ne rien gagner. » Le 16 mai de la même année, il se refuse à certaines démarches en termes qui révèlent son peu de conviction religieuse : « C'est bien assez de faire ici l'hypocrite, sans le faire encore à Paris par lettres. » Revenu à Paris, il essaye de parvenir par le théâtre. Mais il apprend vite qu'un poète, s'il n'est pensionné, n'a pas plus de valeur « qu'un joueur de quilles », et, en novembre 1663, après avoir assisté au lever du roi, il peut écrire à son ami Le Vasseur : « Je suis à demi courtisan; c'est à mon gré un métier assez ennuyant. » Il le fera fort bien, après 1677, quand il aura tout abandonné pour la Cour. En récompense, il mourra « fabuleusement riche » (R. Picard) et sa femme, en 1700, pourra faire plus de 80 000 livres de placements.

L'homme pieux. L'éducation de Port-Royal l'avait-elle marqué? Aucune inquiétude métaphysique : la religion de l'historiographe, du mari, du bon père de famille est celle de l'honnête homme et s'accorde avec les intérêts du courtisan. Aucune hypocrisie : un hypocrite n'eût pas choisi de revenir au jansénisme persécuté; Racine écrivait ces mots à sa sœur le 31 janvier 1687 : « Comme le temps est fort rude, je vous prie de faire de mon argent toutes les charités que vous croirez nécessaires. » « Venu de rien », fut-il surtout avide de respectabilité? On l'a dit.

RACINE : SON ŒUVRE

L'œuvre dramatique de Racine est peu abondante, en regard des 33 pièces de Corneille et des 34 pièces de Molière. Elle comprend 12 pièces, réparties en trois genres :

9 tragédies profanes :

    1664 (20 juin)[1] : *la Thébaïde ou les Frères ennemis.*
    1665 (4 décembre) : *Alexandre le Grand.*
    1667 (17 novembre) : *Andromaque.*
    1669 (13 décembre) : *Britannicus.*
    1670 (novembre) : *Bérénice.*
    1672 (janvier) : *Bajazet.*
    1673 (janvier) : *Mithridate.*
    1674 (août) : *Iphigénie.*
    1677 (1er janvier) : *Phèdre.*

2 tragédies sacrées :

    1689 (26 janvier) : *Esther.*
    1691 (janvier) : *Athalie.*

Une comédie en trois actes :

    1668 (octobre ou novembre) : *les Plaideurs.*

En dehors de son œuvre dramatique, Racine a écrit des œuvres diverses en vers et en prose :

Des poèmes latins et français dont les principaux sont : *la Nymphe de la Seine*, 1660; *la Renommée aux Muses*, 1663; onze *Hymnes traduites du Bréviaire romain*, 1688; quatre *Cantiques spirituels*, 1694.

Des traductions, des annotations et des remarques sur *l'Odyssée* (1662), Eschyle, Sophocle, Euripide, la *Poétique* d'Aristote, le *Banquet* de Platon...

Des ouvrages polémiques : neuf épigrammes probablement (Racine ne les avoua pas) et surtout les *Lettres à l'auteur des Imaginaires* dont il ne publia que la première, en 1666 (la seconde paraîtra en 1722).

Des discours : *Pour la réception de M. l'abbé Colbert*, 1678; *Pour la réception de MM. de Corneille et Bergeret*, 1684.

Des ouvrages historiques :

    Éloge historique du Roi sur ses conquêtes depuis l'année 1672 jusqu'en 1678.
    Relation de ce qui s'est passé au siège de Namur, imprimée en 1692 par ordre du roi, mais sans nom d'auteur.
    Notes et fragments (notes prises sur le vif par l'historiographe qui accompagnait le roi dans ses campagnes).
    Divers textes, en prose et en vers, concernant Port-Royal.
    Abrégé de l'histoire de Port-Royal, sa dernière œuvre, publiée en 1742 (première partie) et 1767 (seconde partie) : « Une chronique sacrée, [...] de l'Histoire Sainte, bien plutôt que de l'histoire » (Raymond Picard, *Œuvres complètes de Racine*, t. II, 1960, p. 35).

---

1 Les dates données sont celles de la première représentation.

UN GENRE LITTÉRAIRE :
LA TRAGÉDIE

1. La tragédie est **un genre poétique très ancien,** issu de l'épopée, et se situant tout près d'elle dans la hiérarchie des genres. Elle a été principalement illustrée par les poètes tragiques grecs du Vᵉ siècle avant notre ère et par les classiques français du XVIIᵉ siècle. En ce siècle, la tragédie est par excellence le genre noble qui consacre le grand poète. Elle doit exclure toute « bassesse », notamment les situations et le langage de la comédie. Le style tragique, qu'il soit sublime ou pathétique, est toujours soutenu.

2. Les **personnages** sont **de très haut rang** (pour le jardinier de Giraudoux, dans *Électre* (1937), la tragédie est « une affaire de Rois »). Ils sont engagés dans une aventure mortelle, et l'on redoute un dénouement cruel. Une atmosphère de merveilleux épique enveloppe souvent la tragédie grecque (présence réelle des Dieux). Elle subsiste quelquefois, discrète et cependant essentielle, dans la tragédie française, *Phèdre* par exemple. Mais le plus souvent, l'imagination du spectateur se satisfera d'une évocation sobre de la légende ou de l'histoire, évocation qui donne à la tragédie le prestige d'un passé lointain et souvent illustre. Le recul dans le temps (que peut compenser quelquefois l'éloignement dans l'espace : *Bajazet*) est donc nécessaire.

3. La tragédie est le **drame de la destinée.** La tragédie antique met en scène les vengeances divines. Dans la tragédie cornélienne, où l'importance des situations équilibre souvent et dépasse parfois celle du héros, c'est face aux lois humaines ou divines et aux grands intérêts politiques que se fait le destin du héros, en vertu du choix inéluctable que sa volonté lucide lui impose : la situation tragique le grandit et l'exalte. La fatalité de la tragédie racinienne repose sur l'écrasement des héros, victimes à la fois de la situation tragique et de leurs propres passions.

4. L'**action** tragique est **une crise brève et brutale.** On peut penser que tout est déjà dit quand le rideau se lève. Selon Anouilh (*Antigone*, 1944), « l'espoir, le sale espoir... » serait banni de la tragédie, ce qui la distingue du drame où les personnages espèrent et combattent. En fait, dans la tragédie racinienne et d'une manière générale dans la tragédie du XVIIᵉ siècle, il y a combat, avec des moments d'espoir, et il arrive même que le dénouement justifie cet espoir : l'action de la tragédie ne paraît vraiment fatale que quand elle est terminée et qu'on peut embrasser dans leur ensemble la puissance des forces qui l'ont conduite. La terreur et la pitié (voir La Bruyère, *Caractères*, I, 51) sont approfondies par le doute qui subsiste chez le spectateur, et elles suscitent en lui cette « purgation ou purification des passions » dont parle Aristote dans sa *Poétique* et qui constitue l'efficacité morale de la tragédie.

LE SYSTÈME DRAMATIQUE
DE RACINE

1. **Vraisemblances et bienséances.** Plus que de règles, il s'agit de tendances qui se manifestent progressivement au cours du xviiᵉ siècle et qui s'affirment surtout à l'époque louis-quatorzième où elles constituent la base du goût classique. Dans la tragédie racinienne, bien loin d'affaiblir le tragique, elles l'approfondissent. En effet, le principe de la vraisemblance aboutit à l'exigence d'une vérité humaine générale qui s'impose aux sujets et aux personnages d'exception : plus grands que les autres hommes, ces personnages leur apparaissent cependant semblables. Le principe des bienséances permet à Racine de traduire la violence et le désarroi des passions par la décence, la mesure et les nuances du langage, plus puissamment que s'il faisait appel à la grossièreté ou à la brutalité. La cruauté des choses éclate sous la politesse des mots.

Dans le domaine de la technique théâtrale, les vraisemblances conduisent à rechercher une liaison parfaite des scènes. Liaison de présence : un personnage au moins est présent à la fin de la scène et dans la suivante. Liaison de fuite : un personnage quitte le plateau au moment où un autre personnage y entre (voir J. Scherer, *la Dramaturgie classique en France*, 1950, p. 278).

Les bienséances obligent l'auteur à épargner au spectateur la vue des violences physiques, donc à ne jamais ensanglanter la scène. Atalide et Phèdre se suicident, mais ne meurent que quand le rideau tombe. La mort de Britannicus, celle de Bajazet ou celle d'Hermione sont racontées aux spectateurs. La couleur y perd, l'art y gagne, quoi qu'en dise Hugo.

2. **La règle des trois unités et sa portée.**

Il ne faut pas s'attacher à l'idée de règle. « Les règles, dira Germaine de Staël, sont l'itinéraire du génie. » Certes, pour Racine, les chemins sont tracés à l'avance; mais il s'y engage aisément parce que la tradition littéraire et le goût du public cultivé s'accordent avec son génie propre : ainsi crée-t-il une œuvre qui est à la fois la plus docile aux exigences des doctes et la plus originale.

« La principale règle est de plaire et de toucher » (préface de *Bérénice*). Pour Racine, comme pour Molière, le public est souverain.

L'unité de lieu. L'unité de lieu n'est pas toujours parfaitement claire, sauf dans *Phèdre*. Dans *Bérénice*, elle exige une adresse excessive. Ailleurs, il arrive qu'on doive accepter quelquefois ou la notion d'un lieu fictif ou quelque invraisemblance. C'est sans importance : on songe que *Britannicus* se joue dans le palais de Néron, on s'y sent prisonnier, et l'on ne s'occupe pas du détail. L'unité de lieu trouve son achèvement et sa raison d'être dans l'atmosphère de huis clos où nous plonge la tragédie racinienne.

L'unité de temps. Rapportée à une formule très discutée d'Aristote — « une révolution du soleil » —, mise en pratique avec éclat par Mairet dans sa *Sophonisbe* (1634), l'unité de temps est fondée par les théoriciens du XVIe siècle et par Chapelain sur la vraisemblance : l'action ne devrait pas dépasser sensiblement la durée de la représentation. La tragédie racinienne sera parfaitement à l'aise dans un temps limité parce qu'elle repose sur les mouvements de passions simples et fortes qui imposent une action intense et brève.

L'unité d'action. Nous pourrions ainsi être conduits à confondre unité d'action et simplicité. Il ne faut pas le faire. L'unité d'action est l'unité la plus importante, mais la plus difficile à définir. Corneille (*Discours sur le Poème dramatique*) reconnaît dans l'unité d'action « l'unité de péril » et « l'unité d'intérêt ». Horace, dans son *Art poétique*, employait les mots : « *simplex et unum*, simple et une ». Le plus clair est de parler d'action « unifiée » (J. Scherer, *op. cit.*, p. 94). L'action peut être complexe, à condition qu'elle marche d'un élan vers son dénouement, que l'action principale influe sur les actions secondaires et, réciproquement, que toutes les actions soient amorcées dès le début de la tragédie. La simplicité implique donc l'unité d'action, mais l'on ne saurait soutenir la proposition inverse.

La simplicité racinienne. Racine a défini la simplicité de son action dramatique dans les préfaces de *Britannicus* et de *Bérénice* :

[...] une action simple, chargée de peu de matière, telle que doit être une action qui se passe en un seul jour, et qui s'avançant par degrés vers sa fin n'est soutenue que par les intérêts, les sentiments et les passions des personnages (*Britannicus*, première préface, voir p. 34, l. 87-90).

[...] toute l'invention consiste à faire quelque chose de rien, une action simple, soutenue de la violence des passions, de la beauté des sentiments et de l'élégance de l'expression (*Bérénice*, préface, Bordas, l. 51-58).

Il faut observer :

— que des événements extérieurs peuvent intervenir au cours du déroulement de la tragédie, mais qu'ils étaient annoncés (*Mithridate* : l'arrivée des Romains) ou prévisibles (*Bajazet* : la victoire d'Amurat et l'arrivée d'Orcan). En outre, ils vont dans le sens du dénouement attendu. Seul, le dénouement d'*Iphigénie* fait exception.

— que la simplicité racinienne exige une situation tragique préexistante qu'un fait nouveau transforme en crise. Dans *Britannicus*, le fait nouveau est l'enlèvement de Junie (I, 3). Dans *Bérénice*, c'est la mort de Vespasien. Il arrive que ce fait initial soit en quelque sorte dédoublé et crée une surprise ; mais il ne faut pas attendre plus tard que la fin du premier acte : on croit Mithridate mort, le voilà qui revient. Il en va de même, dans *Phèdre*, pour Thésée. Quelquefois, ce fait nouveau dépend lui-même des passions des personnages (*Andromaque*, *Britannicus*). D'autres fois, il est fortuit. Mais, dans tous les cas, il provoque une explosion que rien ne pourra arrêter. C'est ce qui a fait dire que la tragédie racinienne n'est qu'un dénouement. On voit comment la simplicité renforce la puissance tragique.

LA TRAGÉDIE DE "BRITANNICUS"

1. Accueil fait à la pièce

La première représentation de *Britannicus* eut lieu le 13 décembre 1669. Un écrivain contemporain, Boursault, auteur de comédies, de nouvelles historiques et même de tragédies (il fera jouer un *Germanicus* en 1673), d'ailleurs mal disposé pour Racine, a raconté cette représentation dans une nouvelle : *Artémise et Poliante* (1670). Les spectateurs étaient peu nombreux : on exécutait en place de Grève le marquis de Courboyer, et celui-ci avait « attiré à son spectacle tout ce que la rue Saint-Denis a de marchands qui se rendent régulièrement à l'Hôtel de Bourgogne pour avoir la première vue de tous les ouvrages qu'on y représente ». D'autre part, les confrères de Racine étaient mal disposés à son égard :

Les auteurs qui ont la malice de s'attrouper pour décider souverainement des pièces de théâtre, et qui s'arrangent d'ordinaire sur un banc de l'Hôtel de Bourgogne qu'on appelle le banc formidable, à cause des injustices qu'on y rend, s'étaient dispersés de peur de se faire reconnaître; et tant que durèrent les deux premiers actes, l'appréhension de la mort leur faisait désavouer une si glorieuse qualité; mais le troisième acte les ayant un peu rassurés, le quatrième qui lui succéda semblait ne leur vouloir point faire de miséricorde, quand le cinquième, qu'on estime le plus méchant de tous, eut pourtant la bonté de leur rendre tout à fait la vie. Des connaisseurs, auprès de qui j'étais *incognito*, et de qui j'écoutais les sentiments, en trouvèrent les vers fort épurés; mais Agrippine leur parut fière sans sujet, Burrhus vertueux sans dessein, Britannicus amoureux sans jugement, Narcisse lâche sans prétexte, Junie constante sans fermeté, et Néron cruel sans malice. D'autres, qui pour les trente sous qu'ils avaient donnés à la porte crurent avoir la permission de dire ce qu'ils en pensaient, trouvèrent la nouveauté de la catastrophe [voir p. 98] si étonnante, et furent si touchés de voir Junie, après l'empoisonnement de Britannicus, s'aller rendre religieuse de l'ordre de Vesta, qu'ils auraient nommé cet ouvrage une tragédie chrétienne, si l'on ne les eût assurés que Vesta ne l'était pas.

Et Boursault finalement de trancher :

Le premier acte promet quelque chose de fort beau, et le second même ne le dément pas; mais au troisième il semble que l'auteur se soit lassé de travailler; et le quatrième, qui contient une partie de l'histoire romaine, et qui par conséquent n'apprend rien qu'on ne puisse voir dans Florus et dans Coëffeteau, ne laisserait pas de faire oublier qu'on s'est ennuyé au précédent, si dans le cinquième la façon dont Britannicus est empoisonné, et celle dont Junie se rend vestale ne faisaient pitié.

Il n'y eut, semble-t-il, que quelques représentations. Racine en fut irrité, sa première préface en témoigne (p. 26, 1. 2-8). Par la suite, l'approbation du Roi et celle de la Cour assurèrent à l'œuvre le succès qu'elle méritait. Elle devint « la pièce des connaisseurs ».

2. Choix du sujet, sources

> Et peut-être ta plume aux censeurs de Pyrrhus
> Doit les plus nobles traits dont tu peignis Burrhus.
>
> Boileau, *Épîtres*, VII.

Les admirateurs de Corneille avaient reconnu le pathétique d'*Andromaque*, mais ils prétendaient que les grands sujets historiques étaient interdits au jeune poète tragique : d'où le choix de *Britannicus*. Il fallait battre Corneille sur son propre terrain, avec une œuvre dont le cadre fût emprunté à l'histoire romaine. En 1664, Corneille avait fait jouer *Othon*, dont le sujet est emprunté aux *Histoires* de Tacite. L'action de *Britannicus* se situe à une époque voisine.

L'effort de documentation de Racine fut sérieux. Naturellement, il utilisa l'*Histoire romaine* du dominicain Coëffeteau (1621) — elle passait pour un chef-d'œuvre — et aussi l'*Abrégé de l'Histoire romaine* de Florus (fin du 1er siècle). Mais il étudia particulièrement la *Vie des douze Césars* de Suétone, et surtout les *Annales* de Tacite (livres XI à XV). Le pessimisme de Tacite, son goût de la psychologie, sa tendance à expliquer l'histoire par des intrigues de palais et des calculs personnels, ses sous-entendus, sans parler de son sentiment aigu de l'art et de la poésie, tout cela s'accordait avec les tendances propres de Racine. Le poète français s'inspira encore de l'*Octavie* de Sénèque et du traité moral sur *la Clémence*. Enfin, il lut des tragédies où sont mis en scène certains personnages dont il devait se servir : un *Britannicus* du pauvre Robinet, une tragédie de Tristan, *la Mort de Sénèque* (jouée en 1644), peut-être celle de Cyrano sur *la Mort d'Agrippine* (1653) et celle de Gabriel Gilbert, *Arie et Pétus*, qui se passe sous l'empereur Claude et met en scène Néron (1658). Racine sut toujours, quand il le fallait, se faire écolier.

3. L'Histoire

— L'action de la tragédie se passe en 55 après J.-C., au début du principat de Néron. Auguste, fondateur de l'Empire, était mort en 14. Mais les titres d'Empereur et de Prince ne représentaient pas l'idée d'une monarchie traditionnelle. Auguste n'était que le Triumvir Octave, fils adoptif de César et qui, après la défaite de son collègue Marc Antoine, avait réuni entre ses mains tous les pouvoirs de l'État, puis reçu du Sénat ce nom d'Auguste. Après sa mort, le pouvoir avait été occupé successivement par Tibère (beau-fils d'Auguste et adopté par lui) de 14 à 37, puis par Caligula (petit-fils de Tibère et adopté par lui). Mais Caligula avait été assassiné en 41 et c'est par les soldats qu'avait été choisi Claude, petit-neveu d'Auguste. La famille de César (naturelle ou adoptive) jouissait d'un prestige qui la maintenait au pouvoir. Mais on ne peut parler d'une monarchie héréditaire déterminée par « des lois fixes et établies », comme devait dire Montesquieu de la monarchie française. La notion de légitimité qui intervient dans la tragédie de Racine s'applique bien davantage à son temps qu'à celui d'Agrippine et de Néron.

— Le sujet de *Britannicus* est historique, mais il ne s'agit pas véritablement d'une tragédie politique. Dans les calculs des principaux personnages, l'avenir de l'Empire romain n'est pas en cause. Il s'agit d'une tragédie de palais, d'un drame familial que meuvent des passions privées : la haine du fils contre la mère et du frère contre le frère, l'amour, la jalousie. Le fils et la mère se disputent le pouvoir, les deux frères la même femme. Mais le cadre historique agrandit le drame familial : tous les personnages descendent d'Auguste (voir le tableau généalogique p. 24). Et, bien qu'on ne puisse parler de reconstitution historique, Racine a su, en utilisant l'histoire, créer une atmosphère poétique en donnant à son œuvre une espèce de couleur locale. Peu de détails y suffisent : quelques formules de Néron, l'armée et ses Aigles évoquées par Burrhus, le récit des forfaits d'Agrippine... Compte tenu des bienséances, les personnages essentiels sont conformes à l'idée que se faisaient d'eux les spectateurs cultivés du XVIIe siècle. L'impression d'ensemble unit la Rome impériale selon Tacite et la France selon les historiographes de Louis XIV. Au demeurant, l'histoire n'est, pour Racine, qu'un moyen de mettre en valeur une profonde vérité humaine.

Il ne s'est pas interdit d'apporter aux faits des modifications importantes, mais il a respecté le sens du récit de Tacite.

« Ma tragédie, a-t-il écrit dans la seconde préface (p. 31, l. 62-63), n'est pas moins la disgrâce d'Agrippine que la mort de Britannicus. » Or, ce fut seulement après la mort de Britannicus qu'Agrippine, soupçonnée de complot, fut accusée et se justifia (*Annales*, XIII, 21): la grande scène de la « justification » d'Agrippine, dans l'acte IV, sc. 2, trouve là son origine. Cependant, avant la mort de Britannicus, des dissentiments graves entre la mère et le fils s'étaient déjà révélés (*Annales*, XIII, 13 et 14). Jalouse du pouvoir que pouvait prendre sur Néron l'affranchie Acté, qu'il préférait à Octavie, Agrippine menaçait de chasser Néron au profit de Britannicus : ces menaces devaient causer la perte de Britannicus, et, dans la tragédie, elles sont en effet une des causes de la mort du jeune homme. L'accusation portée contre Agrippine (III, 9) et la scène de la fausse réconciliation (IV, 2) étaient donc psychologiquement vraisemblables avant la mort de Britannicus. Non seulement elles permettent d'éclairer les caractères, mais en outre la mort de Britannicus, décidée après cette scène, porte en elle, sans aucun doute possible, la condamnation d'Agrippine. En obéissant au principe de la concentration, Racine a rendu l'histoire « plus vraie ».

Le même principe l'a conduit à supprimer le personnage d'Acté, en gardant l'idée d'un amour de Néron, et à créer le personnage de Junie (la Junia Calvina, dont parlent Tacite et Sénèque, était exilée depuis la mort de son frère). En inventant l'amour réciproque de Junie et de Britannicus, Racine a unifié plus fortement l'action : les deux amants s'appuient sur Agrippine. Déjà menacé pour une raison politique, Britannicus est perdu à partir du moment où Néron aime Junie. Ici encore, la modification de l'histoire renforce le tragique et révèle plus complètement les sentiments des personnages.

Racine s'est expliqué, dans la seconde préface (p. 31, l. 41-57), sur le choix qu'il a fait de Narcisse et de Burrhus. Le choix de Narcisse permettait d'éliminer le tribun Julius Pollion, personnage obscur et instrument du meurtre (Racine se contente de nommer *la fameuse Locuste* au v. 1392). L'opposition de Narcisse et de Burrhus équilibrait l'action. Ainsi, de la variété fuyante des faits et des personnages, Racine n'a retenu que ce qui était nécessaire à son dessein. On ne peut pas dire qu'il ait respecté l'histoire (celle du moins qu'il pouvait connaître par Tacite et Suétone) autrement que dans ses grandes lignes. Mais il ne l'a pas faussée : il l'a remodelée. De l'épisode dramatique qu'elle lui fournissait, il a fait une tragédie.

4. Les personnages

Néron. « C'est ici un monstre naissant, mais qui n'ose encore se déclarer », lit-on dans la seconde préface (p. 30, l. 34-35). La tragédie est-elle la naissance du monstre? Non, mais sa révélation. Il n'y a pas évolution véritable de Néron durant les quelques heures de l'action, ce n'est pas la journée fatale qui va faire de lui un monstre. Monstre, il l'est par la prédestination de ses instincts : « Il a en lui les semences de tous [les] crimes » (*Ibid.* l. 31-32); Agrippine, dans l'acte IV (v. 1270-1274), évoque un Néron enfant déjà insensible et ingrat. Les trois ans de vertu (v. 25) ne sont qu'hypocrisie, contrainte et peur de l'opinion. La perversité a donc toujours été présente chez Néron, mais c'est au cours du progrès inexorable de l'action tragique, de l'enlèvement de Junie à l'empoisonnement de Britannicus, qu'il dévoile la réalité que tous soupçonnaient et que Burrhus, son maître vertueux, s'était malgré lui déjà avouée; ce premier crime lui demande quelques hésitations et quelques délais : « il n'ose encore se déclarer ». Les autres crimes seront plus faciles.

Quels sont les traits essentiels de son caractère?

— Le Néron de l'histoire avait des goûts littéraires et artistiques qu'il affichait avec une vanité puérile (« Quel artiste périt en moi! ») et une susceptibilité dangereuse. Le Néron de Racine s'écoute déclamer le récit de l'enlèvement de Junie (v. 385-400) ou se complaît à sa tirade séductrice sur la fatigue et les soucis attachés à la dignité impériale et sur les douceurs d'un amour consolateur (v. 573-602) : le comédien se joue si bien son rôle que même un sentiment vrai serait corrompu à sa source.

— Le Néron de l'histoire était cruel par goût de la cruauté autant et plus que par intérêt. Il trouvait une jouissance esthétique dans le raffinement du crime. On peut prononcer le mot de sadisme : selon Tacite, il aurait peut-être loué la beauté du corps de sa mère, après qu'elle eut été tuée sur son ordre. Racine souligne ce caractère par quelques répliques qui ne laissent aucun doute.

— Le Néron de l'histoire retombait souvent de sa distinction apprêtée jusque dans la brutalité et la vulgarité : il tua Poppée d'un coup de pied dans le ventre. Éliminant toute violence physique, Racine marque ce trait par le langage de Néron (v. 539-602) au moment où Junie élude ses déclarations d'amour.

— Enfin, le Néron de l'histoire nous est peint comme un lâche : il faut voir sa terreur panique après le premier attentat manqué contre sa mère, ou lire dans Suétone la scène de son suicide. Racine met au fond de l'âme de Néron une terreur haineuse à l'égard de sa mère, sentiment qui est sans doute le plus fort de ceux qu'il éprouve. Tous ces caractères sont mis en lumière par Racine avec autant de discrétion que de force, et c'est de leur harmonie que naît l'originalité du personnage.

Un personnage aussi puissant a pris naissance non seulement dans l'histoire, mais dans le temps de Racine et en Racine lui-même. Il n'est pas absurde d'évoquer certaines intrigues familiales de la Cour de Louis XIV, certaines paroles prêtées au jeune Roi; on ne verra là cependant que des traits accessoires : Racine n'a absolument pas voulu peindre Louis XIV sous les traits de Néron. Plus trouble est la question de savoir si cette tragédie du Palais des Césars est aussi « le drame de Racine lui-même » (A. Adam, IV, p. 327). Certaines analogies existent. Il serait cependant peu raisonnable de croire à un épanchement conscient. Sans doute faut-il dire simplement que Racine était capable d'expérimenter en lui-même certains aspects de l'âme néronienne et ainsi de donner une vie personnelle aux suggestions de l'histoire.

Agrippine

C'est pour elle le jour du désastre. Racine, pour la peindre, s'est sans doute souvenu de la Cléopâtre de *Rodogune*, mais ce rapprochement ne fait qu'éclairer davantage le déclin de l'impératrice vieillie. L'Agrippine de Tacite est à la fois dépravée et ambitieuse. Elle va jusqu'à méditer l'inceste avec Néron pour le garder en sa puissance. Racine laisse la dépravation dans une ombre lointaine et ne retient que l'instinct de domination. Agrippine est monstrueusement ambitieuse. Elle a fait un empereur du fils de Domitius Aheno-barbus. L'aime-t-elle? Quelques touches fugitives d'émotion mater-nelle peuvent faire croire à cet amour. Mais le sentiment qui la meut, c'est la crainte de sa disgrâce. Elle n'a fait Néron ce qu'il est que pour elle-même. Néron ose le lui dire, et il a raison. Elle ne se contente pas d'être la mère honorée de l'empereur, elle veut exercer le pou-voir personnellement. Si Néron résiste, elle machine de nouvelles intrigues. Mais ici se manifeste la grandeur de la création et même son pathétique. L'ambitieuse lucide qui, par son habileté et son énergie sans scrupules, devint la vraie souveraine de l'Empire, c'est le passé. Le présent, c'est une femme que le pouvoir a aban-donnée et que son aveuglement voue au désastre. Elle porte en elle « cet esprit d'imprudence et d'erreur » qu'évoquera Joad à propos d'Athalie. Elle ne se trompe pas sur les signes de sa disgrâce, — mais elle incrimine Burrhus. Elle ébauche un complot en faveur de Britannicus, — à condition qu'il ne réussisse pas car, s'il réussissait, elle perdrait tout : elle-même l'avoue à son fils (v. 1258-1270). Elle dit à Néron exactement tout ce qu'il faut pour le pousser à accomplir son crime — en admettant qu'il hésite. Elle chante victoire devant Junie (v. 1583-1602) au moment où meurt Britannicus : bel exemple d'ironie tragique. Et cette ironie a une portée morale. La perte d'Agrippine était inscrite dans son passé victorieux. Elle a élevé son fils par le crime et elle a prétendu qu'il fût vertueux : criminel, il la tuera; vertueux, il l'eût bannie. Enfin, Agrippine a très grande allure. Sa violence l'aveugle, mais ne l'avilit pas. Orgueil, bravoure, hauteur de mépris, elle est bien la fille du grand Germanicus, comme elle est déjà celle qui saura dire « Frappe au ventre ! » au centurion venu la tuer. Sa dernière réplique à Néron (v. 1672-1694) emporte l'admiration.

Britannicus et Junie

La tragédie racinienne comporte souvent un couple d'amoureux unis dans le malheur et dont l'amour est menacé. *Britannicus* nous en présente le premier exemple. Nous rencontrerons encore Xipharès et Monime dans *Mithridate*, Hippolyte et Aricie dans *Phèdre*. Racine s'attendrit sur ces couples menacés et souvent sacrifiés. Mais l'amour partagé n'est pas aussi favorable à la peinture d'un personnage tragique que les déchirements de la jalousie. En outre, il se prête trop bien aux délicatesses sentimentales et à la préciosité du langage. Les jeunes amants du théâtre de Racine en pâtissent. Britannicus n'a pas la profondeur tragique d'Oreste ou de Pyrrhus. Nous le trouvons bien naïf, et sa bravoure en face de Néron souligne son imprudence. Il a des excuses : d'abord son âge (dix-sept ans dans la tragédie), ensuite et surtout son isolement dans la Cour et les précautions prises naguère contre lui par Agrippine. Il nous émeut dans sa marche aveugle vers la mort, guidé par une main qu'il croit amie. L'ironie tragique vient de la présence de Narcisse auprès de Britannicus.

Junie lui est supérieure. Peintre de l'âme féminine, Racine en comprend les moindres nuances. Mais, parmi les jeunes filles raciniennes, il faut distinguer les possédées en proie à une passion malheureuse (Hermione, Ériphile) ou à une jalousie imposée par les circonstances (Atalide) de celles qui se savent aimées : Iphigénie, Aricie, et avant tout Monime et Junie. Ce sont des princesses captives, aimées ou désirées par le maître. Junie éprouve, pour Britannicus, un amour composé de tendresse, de pitié pour son sort, et de fidélité à l'engagement qu'elle avait pris à son égard quand il était destiné à l'Empire. L'écroulement des espoirs de Britannicus a lié davantage Junie. Son amour se nuance de protection. Intelligente et intuitive, plus mûre que le jeune prince, elle fait face à Néron avec un mélange de réserve et d'ironie. Elle apparaît d'une dignité suprême.

Burrhus et Narcisse

Pour les spectateurs du XVIIe siècle, Burrhus devait incarner l'antique vertu romaine. Il a donc pu paraître figé dans une attitude noble, un peu conventionnelle. Il n'en est pas moins fermement conçu. Il respecte Agrippine parce qu'elle est la mère de l'empereur, mais il obéit à Néron. De là procède son impuissance. Burrhus n'envisage aucun autre moyen d'arrêter Néron sur la voie du crime que de le convaincre par des raisonnements et des prières. Ce rude soldat est d'ailleurs sensible; il ne peut croire que le jeune homme qu'il a formé soit un monstre. Inquiet dès le début de la tragédie de la conduite de Néron, il n'en laisse rien voir en présence d'Agrippine; plus tard (IV, 1), il éclate de joie quand il croit à la réconciliation de la mère et du fils. Son rôle atteint à la vraie grandeur dans la scène 3 de l'acte IV où il fait hésiter le destin.

— Narcisse est « l'âme vile ». Il ne connaît que son intérêt (« Et pour nous rendre heureux, perdons les misérables », v. 760). Mais il offre des traits originaux. Adroit et rusé, il se montre remarquablement apte à deviner les intentions de Néron et à lui proposer les solutions qu'il désire. Son rôle dans la tragédie repose sur le fait qu'il est à la fois le confident de Néron, pour le servir et s'en servir, et celui de Britannicus, pour le perdre.

5. La peinture des sentiments

Les débats intérieurs au cours desquels le personnage se confronte avec lui-même et qui sont l'âme des meilleurs monologues de la tragédie classique (ils tiennent une place éminente dans la tragédie cornélienne) sont presque inexistants dans *Britannicus* : le petit monologue de Burrhus à l'acte III, sc. 2, n'est qu'un aveu d'angoisse et d'incertitude. Les quatre vers de Narcisse à la fin de l'acte II (v. 757-760) ne sont qu'un cri de satisfaction cynique. Et cependant, la révélation progressive des personnages et de leurs sentiments est une loi de la tragédie racinienne, essentiellement psychologique. Mais les personnages principaux ne possèdent ni la lucidité, ni surtout la volonté de lucidité qui leur permettrait une confrontation avec eux-mêmes vraiment profitable. La prescience de la catastrophe n'est pas lucidité vraie. Le « connais-toi » socratique ou la maîtrise cornélienne de soi n'ont pas leur place dans les âmes à la fois terribles et faibles de Néron et d'Agrippine. (Observons d'ailleurs que même chez les personnages raciniens qui se confrontent avec eux-mêmes, par exemple Roxane, Atalide, Phèdre, le grand Mithridate lui-même, la confrontation ne se fait que dans l'angoisse, sans qu'aucune lumière vraie en jaillisse). Il est donc nécessaire que Néron ou Agrippine se révèlent par d'autres moyens.

Racine en utilise trois, avec autant de souplesse que de précision. Le premier, d'une simplicité parfaite, consiste à interroger les autres personnages : Néron se reflète dans la mémoire d'Agrippine, et celle-ci dans la mémoire de Néron. Les personnages secondaires participent à cette révélation : le premier acte de *Britannicus* tourne sans cesse au débat sur Néron. Nous le voyons attaqué par sa mère (sc. 1), défendu avec gêne par Burrhus (sc. 2), mystérieux et suspect dans son passé récent et son action présente, chargé du poids d'une hérédité qu'Agrippine n'hésite pas à nous faire connaître (sc. 1).

Agrippine elle-même, absente du second acte après avoir empli le premier, sera plus profondément connue à la fin de l'entretien entre Néron et Narcisse (II, 2). Le deuxième moyen est le meilleur au théâtre : les personnages se révèlent par leur comportement, leurs attitudes, leurs silences, leurs réticences et, par dessus tout, les nuances de leur langage. Dans un changement de ton, un tour de phrase plus simple ou plus étudié, c'est le personnage tout entier qui éclaire un aspect de lui-même jusqu'alors dans l'ombre. La scène entre Néron et Junie (II, 3) est un modèle. Nous pensions déjà connaître Néron; il ne se dément pas, mais nous le connaîtrons mieux si nous ne laissons échapper aucune de ses paroles. Nous ne comprendrons le silence de Néron au début de l'acte IV, sc. 2, qu'à la condition de comprendre même les simples regards : « Le visage humain est toujours, et de plus en plus, le point de mire de tous les personnages » (G. Le Bidois, *La Vie dans la tragédie de Racine*, 1901, p. 84).

Enfin, l'intervention d'une sorte de confident exceptionnel, lui-même engagé dans l'action, constitue le troisième moyen. Pour aller jusqu'au bout dans le crime, Néron a besoin d'un maître. Il le trouve dans Narcisse, ce personnage « d'une conformité vraiment merveilleuse avec ses vices cachés » (Le Bidois, *op. cit.*, p. 163). Narcisse certes joue son jeu personnel, mais il ne peut le jouer que par l'intermédiaire de Néron. Il ne s'agit pas, pour lui, de pervertir Néron (qui est pervers par nature) mais de l'obliger à prendre conscience de sa perversion et à devenir ce qu'il doit être : il faut le crime pour que Néron se réalise. Seul avec son maître, à l'acte II et à l'acte IV, Narcisse saura à la fois sympathiser avec les désirs secrets de Néron, lui apporter des justifications sur mesure, et se faire donner des ordres qui sont à la fois ceux qu'il désirait recevoir et ceux que Néron désirait donner : maïeutique tragique.

6. La vérité humaine

Qu'aucune œuvre ne soit plus psychologique que la tragédie racinienne, Thierry Maulnier l'affirme (*Racine*, 1935, p. 117) : « Pour Racine, l'action ne résulte que de l'enchaînement des sentiments; c'est l'histoire psychologique des héros qui, seule, peut les mener au dénouement. Une tragédie qui ne doit qu'aux mouvements du cœur humain la marche de son évolution, son pathétique et son intensité, doit s'attacher plus que toute autre à représenter ces mouvements dans leur vérité exacte [...]. Pour soutenir une action uniquement psychologique, Racine doit se faire tout au long de ses pièces peintre du cœur humain seulement. » Une telle peinture de sentiments, créatrice de vérité humaine, permet l'épanouissement de l'action tragique, mais elle ne peut atteindre ce but qu'en se fondant sur une vraisemblance de valeur universelle. L'âme tortueuse de Néron elle-même est terriblement simple : ce monstre n'est pas seulement Néron, il est néronien. Nous comprenons la nature de cette simplicité en observant que l'univers racinien est gouverné par l'instinct. Les personnages principaux sont des émotifs, des imaginatifs et, dans les cas privilégiés, des obsédés. Ils n'en diffèrent pas moins les uns des autres, et c'est même par l'originalité de leurs émotions et la forme propre de leur imagination qu'on peut le mieux définir leur personnalité. Entre les visions triomphales qui obsèdent Agrippine, les images louches dont se repaît Néron, et les souvenirs de tendresse dans lesquels s'enferme Junie, il n'y a de commun que leur égale. vraisemblance et leur conformité à eux-mêmes : si variées soient-elles, leurs réactions demeurent prévisibles. Ainsi très riches en nuances, parce que civilisés et cultivés, ils sont « universels », mais, observe Le Bidois (*op. cit.*, p. 222), « loin que ce soit à la manière d'une nature simplifiée à l'excès [...], leur âme offre une parfaite et complète image de toutes les manières d'être ou de sentir qu'a connues l'âme humaine ».

7. La conduite de l'action

La disgrâce d'Agrippine et la mort de Britannicus ne forment qu'une seule action car « l'enchaînement de sentiments » assemble le tout et les coups de théâtre ne sont jamais fortuits. Le drame est l'explosion d'une situation, le conflit d'autorité entre Néron et sa mère. Après avoir mûri pendant des mois, ce conflit aboutit à cette protection tapageuse qu'Agrippine accorde à la fois à Britannicus (qu'elle avait pourtant écarté du pouvoir) et à Junie, descendante d'Auguste. Parlera-t-on de tragédie politique? Mais Néron tombe amoureux de Junie, et le coup de foudre est psychologiquement justifié. « C'est cet amour qui surexcite toutes les passions de l'Empereur, qui lui donne l'audace de résister à sa mère et de faire emprisonner son frère; sans cet amour, la tragédie n'existe pas », selon Pierre Robert (*la Poétique de Racine*, 1890, p. 111). En tout cas, l'action s'accélère alors avec une telle rapidité que la condamnation de Britannicus est déjà prononcée après la fin du troisième acte; le quatrième ne fait que suspendre cette condamnation pour nous donner le temps de connaître encore mieux les personnages. Néron surtout. Ainsi l'action rend aux caractères ce qu'elle a exigé d'eux. La véritable action, celle qui domine tout le reste, c'est l'entrée inéluctable de Néron dans la voie du crime; en ce sens, le quatrième acte est le plus riche d'action véritable. Plutôt que subordination de la peinture des caractères à l'action tragique, il y a coïncidence parfaite des nécessités de l'une et de l'autre; et cette union de la psychologie et de l'action sous le signe du destin est la source la plus profonde de la poésie tragique.

8. Notre édition

Nous avons reproduit, en modifiant parfois la ponctuation, le texte de la dernière édition de ses *Œuvres* publiée par Racine, chez Thierry, Barbier et Trabouillet, en 1697.

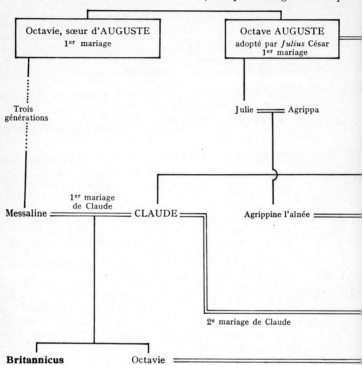

Octavie, sœur d'AUGUSTE
1er mariage

Octave AUGUSTE
adopté par *Julius* César
1er mariage

Trois générations

Julie ══ Agrippa

Messaline ══ 1er mariage de Claude ══ CLAUDE ══ Agrippine l'aînée

2e mariage de Claude

Britannicus Octavie

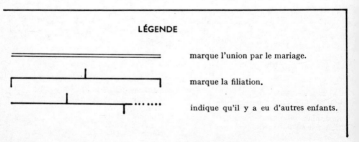

LÉGENDE

═════════ marque l'union par le mariage.

⌐─────┴─────⌐ marque la filiation.

indique qu'il y a eu d'autres enfants.

CLAUDIENS

nt ici en caractères gras)

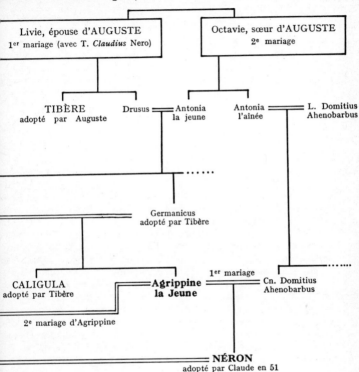

Livie, épouse d'AUGUSTE
1er mariage (avec T. *Claudius* Nero)

Octavie, sœur d'AUGUSTE
2e mariage

TIBÈRE
adopté par Auguste

Drusus = Antonia
la jeune

Antonia
l'aînée

L. Domitius
Ahenobarbus

......

Germanicus
adopté par Tibère

CALIGULA
adopté par Tibère

**Agrippine
la Jeune**

1er mariage

Cn. Domitius
Ahenobarbus

......

2e mariage d'Agrippine

NÉRON
adopté par Claude en 51

AGRIPPINE : « Moi, fille, femme, sœur et mère de vos maîtres » (v. 156)
Arrière-petite-fille d'Auguste.
Petite-nièce de Tibère.
Femme de Claude.
Sœur de Caligula.
Mère de Néron.
Dernière représentante de la *gens Julia* et de la *gens Claudia*.

Les fins tragiques :
Claude, empoisonné le 13 oct. 54.
Britannicus, empoisonné en 55.
Agrippine, assassinée en 59.
Néron se suicide le 9 juin 68.

Le règne des Césars
Auguste : 27 av.-14 ap. J.-C.
Tibère : 14-37.
Caligula : 37-41.
Claude : 41-54.
Néron : 54-68.

PREMIÈRE PRÉFACE (1670)

1   De tous les ouvrages que j'ai donnés au public, il n'y en a point qui m'ait attiré plus d'applaudissements ni plus de censeurs que celui-ci. Quelque soin que j'aie pris pour travailler cette tragédie, il semble qu'autant que[1] je me suis efforcé de la rendre bonne,
5   autant de certaines gens[2] se sont efforcés de la décrier. Il n'y a point de cabale qu'ils n'aient faite, point de critique dont ils ne se soient avisés. Il y en a qui ont pris même le parti de Néron contre moi. Ils ont dit que je le faisais trop cruel. Pour moi, je croyais que le nom seul de Néron faisait entendre quelque chose de plus que cruel.
10   Mais peut-être qu'ils raffinent sur son histoire, et veulent dire qu'il était honnête homme dans ses premières années. Il ne faut qu'avoir lu Tacite pour savoir que s'il a été quelque temps un bon empereur, il a toujours été un très méchant homme. Il ne s'agit point dans ma tragédie des affaires du dehors. Néron est ici dans son particulier
15   et dans sa famille. Et ils me dispenseront de leur rapporter tous les passages qui pourraient bien aisément leur prouver que je n'ai point de réparation à lui faire.

D'autres ont dit, au contraire, que je l'avais fait trop bon. J'avoue que je ne m'étais pas formé l'idée d'un bon homme[3] en la personne
20   de Néron. Je l'ai toujours regardé comme un monstre. Mais c'est ici un monstre naissant. Il n'a pas encore mis le feu à Rome. Il n'a pas tué sa mère, sa femme, ses gouverneurs. A cela près, il me semble qu'il lui échappe assez de cruautés pour empêcher que personne ne le méconnaisse[4].

25   Quelques-uns ont pris l'intérêt de Narcisse, et se sont plaints que j'en eusse fait un très méchant homme et le confident de Néron. Il suffit d'un passage pour leur répondre. « Néron, dit Tacite, porta[5] impatiemment la mort de Narcisse, parce que cet affranchi avait une conformité merveilleuse avec les vices du prince encore cachés :
30   *cujus abditis adhuc vitiis mire congruebat*[6].

Les autres se sont scandalisés que j'eusse choisi un homme aussi jeune que Britannicus pour le héros d'une tragédie. Je leur ai déclaré[7], dans la préface d'*Andromaque*, le sentiment d'Aristote sur le héros de la tragédie; et que[8] bien loin d'être parfait, il faut toujours

---

1. Nous disons aujourd'hui : autant ... autant. — 2. Certaines gens : seul cas où *gens* (précédé immédiatement d'un adjectif dont la forme peut varier) soit au féminin. Il y a là un reste du genre primitif de *gens*. L'adjectif ou participe éloigné du nom *(efforcés)* est au masculin. — 3. Un homme bon. Au XVIIᵉ siècle, l'épithète précédait le nom plus souvent que maintenant. — 4. Ne se trompe sur lui. — 5. Supporta. — 6. Tacite : *Annales*, XIII, 1. Tacite a précisé : Narcisse « dont j'ai rapporté les invectives contre Agrippine ». — 7. Expliqué. — 8. *Le sentiment ... et que* : double complément d'objet (nom ou pronom, et proposition introduite par *que*) admis au XVIIᵉ siècle (et même plus tard : « Tu le savais et que dans cette vie... », écrira Musset dans les *Stances à la Malibran*).

35 qu'il ait quelque imperfection. Mais je leur dirai encore ici qu'un jeune prince de dix-sept ans, qui a beaucoup de cœur, beaucoup d'amour, beaucoup de franchise et beaucoup de crédulité, qualités ordinaires d'un jeune homme, m'a semblé très capable d'exciter la compassion. Je n'en veux pas davantage.

40 Mais, disent-ils, ce prince n'entrait que dans sa quinzième année lorsqu'il mourut. On le fait vivre, lui et Narcisse, deux ans plus qu'ils n'ont vécu. Je n'aurais point parlé de cette objection, si elle n'avait été faite avec chaleur par un homme qui s'est donné la liberté de faire régner vingt ans un empereur qui n'en a régné 45 que huit[1], quoique ce changement soit bien plus considérable dans la chronologie, où l'on suppute les temps par les années des empereurs.

Junie ne manque pas non plus de censeurs. Ils disent que d'une vieille coquette, nommée Junia Silana[2], j'en ai fait une jeune fille 50 très sage. Qu'auraient-ils à me répondre si je leur disais que cette Junie est un personnage inventé, comme l'Émilie de *Cinna*, comme la Sabine d'*Horace* ? Mais j'ai à leur dire que, s'ils avaient bien lu l'histoire, ils auraient trouvé une Junia Calvina, de la famille d'Auguste, sœur de Silanus, à qui Claudius avait promis Octavie. Cette 55 Junie était jeune, belle, et, comme dit Sénèque, *festivissima omnium puellarum*[3]. Elle aimait tendrement son frère ; *et leurs ennemis*, dit Tacite, *les accusèrent tous deux d'inceste, quoiqu'ils ne fussent coupables que d'un peu d'indiscrétion*[4]. Si je la représente plus retenue qu'elle n'était, je n'ai pas ouï dire qu'il nous fût défendu de rectifier les 60 mœurs d'un personnage, surtout lorsqu'il n'est pas connu.

L'on trouve étrange qu'elle paraisse sur le théâtre après la mort de Britannicus. Certainement la délicatesse[5] est grande de ne pas vouloir qu'elle dise en quatre vers assez touchants qu'elle passe chez Octavie. Mais, disent-ils, cela ne valait pas la peine de 65 la faire revenir[6]. Un autre l'aurait pu raconter[7] pour elle. Ils ne savent pas qu'une des règles du théâtre est de ne mettre en récit que les choses qui ne se peuvent passer en action ; et que tous les Anciens font venir souvent sur la scène des acteurs qui n'ont autre chose à dire, sinon qu'ils viennent d'un endroit, et qu'ils s'en re-70 tournent à un autre.

---

1. Il s'agit de Phocas, dans l'*Héraclius* de Corneille. — 2. Junia Silana, victime de la conduite scandaleuse de Messaline (*Annales*, XI-12), fut l'amie d'Agrippine, avant de devenir sa dénonciatrice (*Annales*, XIII, 19). — 3. « La plus enjouée de toutes les jeunes filles ». — 4. Dans les *Annales*, XII, 4, Tacite parle d' « un amour fraternel, innocent, mais indiscret ». — 5. Scrupule excessif. — 6. En fait, Racine a supprimé cette petite scène qui se trouvait après la sc. 5 de l'acte V (voir p. 114). — 7. *L'aurait pu raconter, ne se peuvent passer* (l. 67) : quand un infinitif est précédé d'un verbe principal, les classiques placent souvent le pronom complément avant le verbe principal.

Tout cela est inutile, disent mes censeurs. La pièce est finie au récit de la mort de Britannicus, et l'on ne devrait point écouter le reste. On l'écoute pourtant, et même avec autant d'attention qu'aucune fin de tragédie. Pour moi, j'ai toujours compris que la
75 tragédie étant l'imitation d'une action complète, où[1] plusieurs personnes concourent, cette action n'est point finie que l'on ne sache en quelle situation elle laisse ces mêmes personnes. C'est ainsi que Sophocle en use presque partout. C'est ainsi que, dans l'*Antigone*, il emploie autant de vers à représenter la fureur d'Hémon et la
80 punition de Créon après la mort de cette princesse[2], que j'en ai employé aux imprécations d'Agrippine, à la retraite de Junie, à la punition de Narcisse, et au désespoir de Néron, après la mort de Britannicus.

Que faudrait-il pour contenter des juges si difficiles? La chose
85 serait aisée, pour peu qu'on voulût trahir le bon sens. Il ne faudrait que s'écarter du naturel pour se jeter dans l'extraordinaire. Au lieu d'une action simple, chargée de peu de matière, telle que doit être une action qui se passe en un seul jour, et qui s'avançant par degrés vers sa fin n'est soutenue que par les intérêts, les sentiments et les
90 passions des personnages, il faudrait remplir cette même action de quantité d'incidents qui ne se pourraient passer qu'en un mois, d'un grand nombre de jeux de théâtre, d'autant plus surprenants qu'ils seraient moins vraisemblables, d'une infinité de déclamations où l'on ferait dire aux acteurs tout le contraire de ce qu'ils devraient
95 dire. Il faudrait, par exemple, représenter quelque héros ivre, qui se voudrait faire haïr de sa maîtresse de gaîté de cœur, un Lacédémonien grand parleur, un conquérant qui ne débiterait que des maximes d'amour, une femme qui donnerait des leçons de fierté à des conquérants[3]. Voilà sans doute de quoi faire récrier[4] tous ces
100 Messieurs. Mais que dirait cependant le petit nombre de gens sages auxquels je m'efforce de plaire? De quel front oserais-je me montrer, pour ainsi dire, aux yeux de ces grands hommes de l'antiquité que j'ai choisis pour modèles? Car, pour me servir de la pensée d'un Ancien[5], voilà les véritables spectateurs que nous devons nous proposer:
105 et nous devons sans cesse nous demander: « Que diraient Homère et Virgile, s'ils lisaient ces vers? Que dirait Sophocle, s'il voyait représenter cette scène? » Quoi qu'il en soit, je n'ai point prétendu

---

1. A laquelle: l'usage classique remplace souvent le relatif *lequel* précédé d'une préposition par l'adverbe relatif *où*. — 2. Antigone, qui a enseveli son frère Polynice malgré les ordres de Créon, est condamnée à être enterrée vivante; Hémon, fils de Créon et fiancé d'Antigone, se suicide. — 3. Tous ces exemples sont tirés du théâtre de Corneille; il s'agit, dans l'ordre, d'Attila, d'Agésilas, de César et de Cornélie dans *la Mort de Pompée*. — 4. Se récrier: quand un verbe pronominal à l'infinitif est précédé d'un autre verbe, l'usage classique supprime souvent le pronom réfléchi. — 5. Longin, *Traité du sublime*, XII.

empêcher qu'on ne parlât contre mes ouvrages. Je l'aurais prétendu inutilement. *Quid de te alii loquantur, ipsi videant*, dit Cicéron, 110 *sed loquentur tamen* [1].

Je prie seulement le lecteur de me pardonner cette petite préface que j'ai faite pour lui rendre raison [2] de ma tragédie. Il n'y a rien de plus naturel que de se défendre quand on se croit injustement attaqué. Je vois que Térence même semble n'avoir fait des prologues [3] 115 que pour se justifier contre les critiques d'un vieux poète malintentionné [4], *maleveli veteris poetæ*, et qui venait briguer des voix contre lui jusqu'aux heures où l'on représentait ses comédies.

...*Occepta est agi;*

Exclamat, etc. [5]

120 On me pouvait faire une difficulté qu'on ne m'a point faite. Mais ce qui est échappé [6] aux spectateurs pourra être remarqué par les lecteurs. C'est que je fais entrer Junie dans les Vestales, où, selon Aulu-Gelle [7], on ne recevait personne au-dessous de six ans, ni au-dessus de dix. Mais le peuple prend ici Junie sous sa protection, 125 et j'ai cru qu'en considération de sa naissance, de sa vertu et de son malheur, il pouvait la dispenser de l'âge prescrit par les lois, comme il a dispensé de l'âge pour le consulat tant de grands hommes qui avaient mérité ce privilège.

Enfin je suis très persuadé qu'on me peut faire bien d'autres 130 critiques sur lesquelles je n'aurais d'autre parti à prendre que celui d'en profiter à l'avenir. Mais je plains fort le malheur d'un homme qui travaille pour le public. Ceux qui voient le mieux nos défauts sont ceux qui les dissimulent le plus volontiers. Ils nous pardonnent les endroits qui leur ont déplu, en faveur de ceux qui 135 leur ont donné du plaisir. Il n'y a rien, au contraire, de plus injuste qu'un ignorant. Il croit toujours que l'admiration est le partage des gens qui ne savent rien. Il condamne toute une pièce pour une scène qu'il n'approuve pas. Il s'attaque même aux endroits les plus éclatants, pour faire croire qu'il a de l'esprit; et pour peu 140 que nous résistions à ses sentiments [8], il nous traite de présomptueux qui ne veulent croire personne, et ne songe pas qu'il tire quelquefois plus de vanité d'une critique fort mauvaise, que nous n'en tirons d'une assez bonne pièce de théâtre.

Homine imperito nunquam quidquam injustius [9].

---

1. « Comment d'autres parleront de toi, c'est à eux de le voir, mais en tous cas ils parleront.» — 2. Justifier à ses yeux. — 3. Les prologues du poète comique latin Térence avaient souvent l'allure de plaidoyers. — 4. Pour Térence : Luscius de Lanuvium; pour Racine : Corneille. — 5. Vers du Prologue de l'*Eunuque* de Térence : « On commence à jouer, il s'écrie que ... » — 6. *Est échappé* marque plutôt l'état et *a échappé* l'action. — 7. *Nuits attiques*, II, 12. — 8. Avis, opinions. — 9. « Il n'y a jamais rien de plus injuste qu'un incapable. »

SECONDE PRÉFACE[1] (1676)

1   Voici celle de mes tragédies que je puis dire que j'ai le plus tra-
vaillée. Cependant j'avoue que le succès ne répondit pas d'abord
à mes espérances. A peine elle parut sur le théâtre, qu'il s'éleva
quantité de critiques qui semblaient la devoir détruire. Je crus
5 moi-même que sa destinée serait à l'avenir moins heureuse que
celle de mes autres tragédies. Mais enfin il est arrivé de cette pièce ce
qui arrivera toujours des ouvrages qui auront quelque bonté[2].
Les critiques se sont évanouies; la pièce est demeurée. C'est maintenant celle des miennes que la Cour et le public revoient le plus
10 volontiers; et si j'ai fait quelque chose de solide et qui mérite quelque
louange, la plupart des connaisseurs demeurent d'accord que c'est
ce même *Britannicus*.

    A la vérité j'avais travaillé sur des modèles qui m'avaient extrê-
mement soutenu dans la peinture que je voulais faire de la Cour
15 d'Agrippine et de Néron. J'avais copié mes personnages d'après
le plus grand peintre de l'Antiquité, je veux dire d'après Tacite.
Et j'étais alors si rempli de la lecture de cet excellent historien,
qu'il n'y a presque pas un trait éclatant dans ma tragédie dont
il ne m'ait donné l'idée. J'avais voulu mettre dans ce recueil un
20 extrait des plus beaux endroits que j'ai tâché d'imiter; mais j'ai
trouvé que cet extrait tiendrait presque autant de place que la
tragédie. Ainsi le lecteur trouvera bon que je le renvoie à cet auteur,
qui aussi bien[3] est entre les mains de tout le monde; et je me conten-
terai de rapporter ici quelques-uns de ses passages sur chacun
25 des personnages que j'introduis sur la scène.

    Pour commencer par Néron, il faut se souvenir qu'il est ici dans
les premières années de son règne, qui ont été heureuses, comme
l'on sait. Ainsi il ne m'a pas été permis de le représenter aussi méchant
qu'il a été depuis. Je ne le représente pas non plus comme un homme
30 vertueux, car il ne l'a jamais été. Il n'a pas encore tué sa mère,
sa femme, ses gouverneurs; mais il a en lui les semences de tous
ces crimes. Il commence à vouloir secouer le joug. Il les hait les uns
et les autres, et il leur cache sa haine sous de fausses caresses : *Factus
natura velare odium fallacibus blanditiis*[4]. En un mot, c'est ici un
35 monstre naissant, mais qui n'ose encore se déclarer, et qui cherche
des couleurs[5] à ses méchantes actions : *Hactenus Nero flagitiis et
sceleribus velamenta quæsivit*[6]. Il ne pouvait souffrir Octavie, prin-

---

1. Cette seconde préface remplaça la précédente à partir de 1676. Elle est calme et modérée :
conséquence du succès désormais assuré, autant que des conseils de Boileau. — 2. Mérite. —
3. Par ailleurs, au reste. — 4. *Annales*, XIV, 56 : « exercé par l'habitude à voiler sa haine
sous d'insidieuses caresses » (tr. Bornecque). — 5. « Raison apparente dont on se sert pour
couvrir et pallier quelque mensonge, ou quelque mauvaise action... (*Dict. de l'Acad.*, 1964). —
6. *Annales*, XIII, 47 : « Jusqu'alors, Néron cherchait à voiler ses débauches et ses crimes. »

cesse d'une bonté et d'une vertu exemplaire[1] : *Fato quodam, an quia prævalent illicita; metuebaturque ne in stupra feminarum illustrium prorumperet*[2].

Je lui donne Narcisse pour confident. J'ai suivi en cela Tacite, qui dit que Néron porta[3] impatiemment la mort de Narcisse, parce que cet affranchi avait une conformité merveilleuse avec les vices du prince encore cachés : *Cujus abditis adhuc vitiis mire congruebat*[4]. Ce passage prouve deux choses : il prouve et que Néron était déjà vicieux, mais qu'il dissimulait ses vices, et que Narcisse l'entretenait dans ses mauvaises inclinations.

J'ai choisi Burrhus pour opposer un honnête homme à cette peste de Cour; et je l'ai choisi plutôt que Sénèque. En voici la raison. Ils étaient tous deux gouverneurs de la jeunesse de Néron, l'un pour les armes, l'autre pour les lettres; et ils étaient fameux, Burrhus pour son expérience dans les armes et pour la sévérité de ses mœurs, *militaribus curis et severitate morum*[5]; Sénèque pour son éloquence et le tour agréable de son esprit, *Seneca præceptis eloquentiæ et comitate honesta*[6]. Burrhus, après sa mort, fut extrêmement regretté à cause de sa vertu : *Civitati grande desiderium ejus mansit per memoriam virtutis*[7].

Toute leur peine était de résister à l'orgueil et à la férocité d'Agrippine, *quæ cunctis malæ dominationis cupidinibus flagrans, habebat in partibus Pallantem*[8]. Je ne dis que ce mot d'Agrippine, car il y aurait trop de choses à en dire. C'est elle que je me suis surtout efforcé de bien exprimer, et ma tragédie n'est pas moins la disgrâce d'Agrippine que la mort de Britannicus. Cette mort fut un coup de foudre pour elle, et il parut, dit Tacite, par sa frayeur et par sa consternation, qu'elle était aussi innocente de cette mort qu'Octavie. Agrippine perdait en lui sa dernière espérance, et ce crime lui en faisait craindre un plus grand : *Sibi supremum auxilium ereptum, et parricidii exemplum intelligebat*[9].

L'âge de Britannicus était si connu, qu'il ne m'a pas été permis de le représenter autrement que comme un jeune prince qui avait beaucoup de cœur, beaucoup d'amour et beaucoup de franchise, qualités ordinaires d'un jeune homme. Il avait quinze ans, et on dit qu'il avait beaucoup d'esprit, soit qu'on dise vrai, ou que

---

1. L'usage classique permettait d'accorder seulement avec le nom le plus rapproché un adjectif épithète se rapportant à deux noms. — 2. *Annales*, XIII, 12 : « par une sorte de fatalité ou parce que les choses défendues ont plus d'attraits; et il était à craindre qu'il ne se portât à un commerce criminel avec des femmes d'illustres familles ». — 3. Supporta. — 4. *Annales*, XIII, 1. Ici et plus loin, les citations non traduites le sont d'avance dans le texte de Racine. — 5. *Annales*, XIII, 2. — 6. *Annales*, XIII, 2. — 7. *Annales*, XIV, 51. — 8. *Annales*, XIII, 2 : « qui, brûlant de tous les délires d'un pouvoir malsain, avait dans son parti Pallas ». — 9. *Annales*, XIII, 16.

ses malheurs aient fait croire cela de lui, sans qu'il ait pu en donner
75 des marques : *Neque segnem ei fuisse indolem ferunt; sive verum,
seu periculis commendatus retinuit famam sine experimento* [1].

Il ne faut pas s'étonner s'il n'a auprès de lui qu'un aussi méchant
homme que Narcisse; car il y avait longtemps qu'on avait donné
ordre qu'il n'y eût auprès de Britannicus que des gens qui n'eussent
80 ni foi ni honneur : *Nam ut proximus quisque Britannico neque fas
neque fidem pensi haberet olim provisum erat* [2].

Il me reste à parler de Junie. Il ne la faut pas confondre avec une
vieille coquette qui s'appelait Junia Silana. C'est ici une autre
Junie, que Tacite appelle Junia Calvina, de la famille d'Auguste,
85 sœur de Silanus à qui Claudius avait promis Octavie. Cette Junie
était jeune, belle et, comme dit Sénèque, *festivissima omnium
puellarum* [3]. Son frère et elle s'aimaient tendrement; et leurs ennemis,
dit Tacite, les accusèrent tous deux d'inceste, quoiqu'ils ne fussent
coupables que d'un peu d'indiscrétion. Elle vécut jusqu'au règne
90 de Vespasien.

Je la fais entrer dans les Vestales, quoique, selon Aulu-Gelle,
on n'y reçût jamais personne au-dessous de six ans, ni au-dessus
de dix. Mais le peuple prend ici Junie sous sa protection. Et j'ai
cru qu'en considération de sa naissance, de sa vertu et de son malheur,
95 il pouvait la dispenser de l'âge prescrit par les lois, comme il a dispensé de l'âge pour le consulat tant de grands hommes qui avaient
mérité ce privilège.

---

1. *Annales*, XII, 26. — 2. *Annales*, XIII, 15. — 3. Voir p. 33, n. 3.

A MONSEIGNEUR
LE DUC DE CHEVREUSE [1]

MONSEIGNEUR,

Vous serez peut-être étonné de voir votre nom à la tête de cet ouvrage; et si je vous avais demandé la permission de vous l'offrir, je doute si [2] je l'aurais obtenue. Mais ce serait être en quelque sorte ingrat que de cacher plus longtemps au monde les bontés dont vous m'avez toujours honoré. Quelle apparence qu'un homme qui ne travaille que pour la gloire se puisse taire d'une protection aussi glorieuse que la vôtre? Non, MONSEIGNEUR, il m'est trop avantageux que l'on sache que mes amis mêmes ne vous sont pas indifférents, que vous prenez part à tous vos ouvrages [3], et que vous m'avez procuré l'honneur de lire celui-ci devant un homme dont toutes les heures sont précieuses [4]. Vous fûtes témoin avec quelle [5] pénétration d'esprit il jugea de l'économie [6] de la pièce, et combien l'idée qu'il s'est formée d'une excellente tragédie est au-delà de tout ce que j'en ai pu concevoir. Ne craignez pas, MONSEIGNEUR, que je m'engage plus avant, et que n'osant le louer en face, je m'adresse à vous pour le louer avec plus de liberté. Je sais qu'il serait dangereux de le fatiguer de ses louanges; et j'ose dire que cette même modestie qui vous est commune avec lui, n'est pas un des moindres liens qui vous attachent l'un à l'autre. La modération n'est qu'une vertu ordinaire quand elle ne se rencontre qu'avec des qualités ordinaires. Mais qu'avec toutes les qualités et du cœur et de l'esprit, qu'avec un jugement qui, ce semble, ne devrait être le fruit que de l'expérience de plusieurs années, qu'avec mille belles connaissances que vous ne sauriez cacher à vos amis particuliers, vous ayez encore cette sage retenue que tout le monde admire en vous, c'est sans doute une vertu rare en un siècle où l'on fait vanité des moindres choses. Mais je me laisse emporter insensiblement à la tentation de parler de vous. Il faut qu'elle soit bien violente, puisque je n'ai pu y résister dans une lettre où je n'avais autre dessein [7] que de vous témoigner avec combien de respect je suis,

MONSEIGNEUR,

Votre très humble et très obéissant serviteur,   RACINE.

---

1. Il s'agit de Charles-Honoré d'Albert, duc de Luynes, de Chevreuse et de Chaulnes (1646-1712), ami des jansénistes. On se souvient (voir p. 5) que Nicolas Vitart avait introduit Racine dans la famille du duc de Chevreuse. Et M. Picard de remarquer (*op. cit.*, I, p. 1118) : « Le jeune auteur utilise donc dans sa carrière théâtrale et mondaine — réprouvée par les solitaires — les relations que lui vaut le fait *d'être de Port-Royal.* » — 2. Je me demande si (latin : *dubito an*). — 3. Que vous prenez intérêt à tous mes ouvrages. — 4. Il s'agit de Colbert : le duc de Chevreuse était son gendre; en 1670, Racine dédiera sa *Bérénice* à Colbert. — 5. Vous fûtes témoin de la pénétration d'esprit avec laquelle... — 6. « Bel ordre et disposition des choses [donc ici, de l'ouvrage] ... » (*Dict.* de Furetière, 1690). — 7. D'autre dessein : l'omission de l'article est fréquente au XVIIe siècle.

Robert Hirsch
dans la mise en
scène de
Michel Vitold
pour la
Comédie-Française,
en 1962.

▼

Bibl. de la
Comédie-Française, Paris.
Ph. Hubert Josse © Arch. Photeb.

▲

Talma
(1763-1826),
le grand
tragédien de
l'Empire,
peint par
Eugène
Delacroix.

Ph. © Lipnitzki - Roger-Viollet - Photeb./T.

Édouard de Max ▶
(1869-1924) peint par
G. Rudel dans le rôle
de Néron (1918)

Ph. © Nicolas Treatt-Photeb

Ph. © Arch. Photeb./T.

◀ Patrice Kerbrat au
Trianon de Versailles
dans la mise en scène
de
Marcelle Tassencourt
(1978)

PERSONNAGES

NÉRON, empereur, fils d'Agrippine.

BRITANNICUS, fils de l'empereur Claudius [1].

AGRIPPINE, veuve de Domitius Énobarbus [2], père de Néron, et, en secondes noces, veuve de l'empereur Claudius.

JUNIE, amante de Britannicus.

BURRHUS, gouverneur de Néron.

NARCISSE, gouverneur de Britannicus.

ALBINE, confidente d'Agrippine.

GARDES.

La scène est à Rome, dans une chambre du palais de Néron.

LES INTERPRÈTES DE 1669

« ...Au reste, si la pièce n'a pas eu tout le succès qu'on s'en était promis, ce n'est pas faute que chaque acteur n'ait triomphé dans son personnage. La DES ŒILLETS, [3] qui ouvre la scène en qualité de mère de Néron, et qui a coutume de charmer tous ceux devant qui elle paraît, fait mieux qu'elle n'a jamais fait jusqu'à présent; et quand LAFLEUR [4], qui vient ensuite sous le titre de Burrhus, en serait aussi bien l'original qu'il n'en est que la copie, à peine le représenterait-il plus naturellement. BRÉCOURT [5], de qui l'on admire l'intelligence, fait mieux Britannicus que s'il était le fils de Claude; et HAUTEROCHE [6] joue si finement ce qu'il y représente qu'il attraperait un plus habile homme que Britannicus. La d'ENNEBAUT [7], qui dès la première fois qu'elle parut sur le théâtre attira les applaudissements de tous ceux qui la virent, s'acquitte si agréablement du personnage de Junie, qu'il n'y a point d'auditeurs qu'elle n'intéresse en sa douleur; et pour ce qui est de FLORIDOR [8], qui n'a pas besoin que je fasse son éloge, et qui est si accoutumé à bien faire que dans sa bouche une méchante chose ne le paraît plus, on peut dire que si Néron, qui avait tant de plaisir à réciter des vers, n'était pas mort il y a quinze cents je ne sais combien d'années, il prendrait un soin particulier de sa fortune, ou le ferait mourir par jalousie... »

BOURSAULT, *Artémise et Poliante*, 1670.

---

1. Paul Mesnard (éd. des Grands Écrivains, 1865-1873) a observé que Racine écrit huit fois *Claudius* et douze fois *Claude*. — 2. Racine a francisé le début du nom d'*Ahenobarbus* (voir l'arbre généalogique des pp. 24-25). — 3. Alix Faviot, née en 1621 (donc âgée de 48 ans en 1669), jouait sous le nom de son mari, Nicolas de Vin, sieur des Œillets. Sans doute était-elle veuve quand elle était entrée à l'Hôtel de Bourgogne en 1662. Elle mourut en 1670 et fut remplacée avantageusement, dans son emploi, par la Champmeslé. — 4. François Juveno, dit La Fleur, né vers 1623 (donc âgé de 46 ans), était venu du théâtre du Marais. Il mourut en 1674. La duchesse d'Orléans l'appréciait beaucoup. — 5. Brécourt était venu du Palais-Royal en 1664. — 6. Noël le Breton, dit Hauteroche, né vers 1630 (donc âgé de 39 ans), avait débuté au Marais avant de venir à l'hôtel de Bourgogne en 1662. De bonne famille, il était maigre et décharné. — 7. Françoise Montfleury, née en 1642 (donc âgée de 27 ans), jouait sous le nom de son mari, le sieur d'Ennebault. Elle était venue du Palais-Royal en 1664. — 8. Josias de Joulas, protestant de famille noble, chef de la troupe du Marais, était venu à l'Hôtel de Bourgogne en 1650 et il en avait la direction. Il quitta la scène en 1671 et mourut en 1672.

BRITANNICUS

TRAGÉDIE REPRÉSENTÉE POUR LA PREMIÈRE FOIS A PARIS
SUR LE THÉÂTRE DE L'HOTEL DE BOURGOGNE
LE 13e DU MOIS DE DÉCEMBRE 1669

ACTE PREMIER

Scène première. — AGRIPPINE, ALBINE.

ALBINE.   — Quoi? tandis que Néron s'abandonne au sommeil,
Faut-il que vous veniez attendre son réveil?
Qu'errant dans le palais sans suite et sans escorte[1],
La mère de César veille seule à sa porte?
5 Madame, retournez dans votre appartement.

AGRIPPINE.   — Albine, il ne faut pas s'éloigner un moment.
Je veux l'attendre ici. Les chagrins[2] qu'il me cause
M'occuperont assez tout le temps qu'il repose[3].
Tout ce que j'ai prédit n'est que trop assuré[4] :
10 Contre Britannicus Néron s'est déclaré;
L'impatient[5] Néron cesse de se contraindre;
Las de se faire aimer, il veut se faire craindre.
Britannicus le gêne[6], Albine; et chaque jour
Je sens que je deviens importune à mon tour.

ALBINE.   —15 Quoi? vous à qui Néron doit le jour qu'il respire,
Qui l'avez appelé de si loin à l'Empire?
Vous qui déshéritant le fils de Claudius,
Avez nommé César l'heureux Domitius[7]?
Tout lui parle, Madame, en faveur d'Agrippine :
20 Il vous doit son amour.

AGRIPPINE.   —   Il me le doit, Albine :
Tout, s'il est généreux[8], lui prescrit cette loi;
Mais tout, s'il est ingrat, lui parle contre moi.

ALBINE.   — S'il est ingrat, Madame! Ah! toute sa conduite
Marque dans son devoir une âme trop instruite.
25 Depuis trois ans entiers[9], qu'a-t-il dit, qu'a-t-il fait
Qui ne promette à Rome un empereur parfait?
Rome, depuis deux ans[9] par ses soins gouvernée,

---

1. *Suite :* les femmes d'Agrippine; *escorte* : sa garde de soldats. — 2. L'inquiétude, le mé-
contentement. — 3. Qu'il reposera : c'est l'action présente qui se poursuivra. — 4. Certain.
— 5. Sens latin : qui ne peut plus supporter de se contraindre. — 6. Le supplicie, le torture;
cf. *géhenne.* — 7. C'est lors de son adoption par Claude que le fils de Domitius Ahenobarbus
reçut le nom de Néron; jusque-là, il s'appelait, lui aussi, Domitius. — 8. De sentiments
élevés. — 9. *Depuis trois ans entiers* et (v. 27) *depuis deux ans.* En fait, Néron ne régnait
que depuis un an. Racine lui accorde deux ans de pouvoir (il avait d'abord écrit *trois ans*),
mais une réputation de vertu plus longue d'un an.

Au temps de ses consuls[1] croit être retournée :
Il la gouverne en père. Enfin Néron naissant
30 A toutes les vertus d'Auguste vieillissant.

AGRIPPINE. — Non, non, mon intérêt[2] ne me rend point injuste :
Il commence, il est vrai, par où finit Auguste;
Mais crains que, l'avenir détruisant le passé,
Il ne finisse ainsi qu'Auguste a commencé[3].
35 Il se déguise en vain : je lis sur son visage
Des fiers Domitius[4] l'humeur triste[5] et sauvage.
Il mêle avec l'orgueil qu'il a pris dans leur sang
La fierté des Nérons[6] qu'il puisa dans mon flanc.
Toujours la tyrannie a d'heureuses prémices[7];
40 De Rome, pour un temps, Caïus fut les délices;
Mais, sa feinte bonté se tournant en fureur,
Les délices de Rome en devinrent l'horreur.
Que m'importe, après tout, que Néron, plus fidèle[8],
D'une longue vertu laisse un jour le modèle?
45 Ai-je mis dans sa main le timon de l'État
Pour le conduire[9] au gré du peuple et du sénat?
Ah! que de la patrie il soit, s'il veut, le père;
Mais qu'il songe un peu plus qu'Agrippine est sa mère.
De quel nom cependant pouvons-nous appeler
50 L'attentat[10] que le jour vient de nous révéler?
Il sait, car leur amour ne peut être ignorée[11],
Que de Britannicus Junie est adorée;
Et ce même Néron, que la vertu conduit[12],
Fait enlever Junie au milieu de la nuit.
55 Que veut-il? Est-ce haine, est-ce amour[13] qui l'inspire?
Cherche-t-il seulement le plaisir de leur nuire?
Ou plutôt n'est-ce point que sa malignité
Punit sur eux l'appui que je leur ai prêté?

---

1. Le *temps de ses consuls* symbolise l'ancienne république romaine, embellie par le souvenir. — 2. La manière dont je suis personnellement intéressée dans l'affaire. — 3. Au « commencement » d'Auguste étaient les proscriptions d'Octave. — 4. Agrippine souligne la lourde hérédité de son fils (Jules Lemaître : « le fonds hérité atroce ») : Domitius Ahenobarbus se faisait un jeu de la cruauté; Caïus Caligula, frère d'Agrippine, devint fou après un heureux début de règne. — 5. Sombre et farouche. — 6. *Néron* était un surnom lointain de la famille de Claude. — 7. D'heureux commencements. — 8. *Fidèle* à sa réputation de vertu. — 9. Pour que lui (Néron) le conduise : la syntaxe classique, plus libre que la nôtre, permettait que le sujet d'une subordonnée infinitive ou participe ne fût pas le même que celui de la principale (restes actuels : « l'appétit vient en mangeant »). — 10. Il s'agit de l'enlèvement de Junie, et le mot va nous être expliqué. — 11. *Amour* au féminin singulier est d'un emploi assez fréquent au XVIIe siècle. — 12. Réplique ironique et cinglante aux éloges d'Albine. — 13. La suppression de l'article, fréquente au XVIIe siècle, est ici très expressive.

ALBINE. — Vous leur appui, Madame?

AGRIPPINE. —   Arrête, chère Albine.
60 Je sais que j'ai moi seule avancé leur ruine;
Que du trône, où le sang l'a dû[1] faire monter,
Britannicus par moi s'est vu précipiter.
Par moi seule éloigné de l'hymen d'Octavie,
Le frère de Junie abandonna la vie,
65 Silanus[2], sur qui Claude avait jeté les yeux,
Et qui comptait Auguste au rang de ses aïeux.
Néron jouit de tout; et moi, pour récompense[3],
Il faut qu'entre eux et lui je tienne la balance,
Afin que quelque jour, par une même loi,
70 Britannicus la tienne entre mon fils et moi.

---

1. Aurait dû : tour imité du latin. Les verbes indiquant obligation, possibilité, nécessité, etc... peuvent avoir, à l'indicatif, le sens du conditionnel. — 2. Silanus, frère de Junie, donc petit-fils d'Auguste, fut contraint de renoncer à Octavie qu'Agrippine donnait à Néron, et il se tua. Octavie, détestée par Néron, sera exilée, et devra se tuer sur son ordre, à vingt-deux ans. — 3. *Pour récompense* (en compensation) s'explique par *Néron jouit de tout*. Agrippine doit rétablir l'équilibre.

∎∎∎

- **Le lieu et le temps** — La scène est devant la porte de Néron (voir Lucien Dubech, *Jean Racine politique*, 1926, p. 54-113 : il parle d'une tragédie devant une porte), et cette porte ne s'ouvrira pas pour Agrippine : ce seul fait en dit long. D'autre part, nous sommes tout de suite renseignés sur l'heure du début de l'action, comme nous le serons sur sa fin. Conséquence plus profonde : création d'atmosphère, « l'atmosphère du Palatin endormi, le coup d'éclat de la nuit » (Antoine Adam, *op. cit.*, IV, p. 361); l'Impératrice douairière est éveillée avant l'aube.

- **Le sujet et l'action** — « Le sujet n'est jamais assez tôt expliqué », selon Boileau. Dès le vers 14, nous sommes avisés des données essentielles : impression d'ensemble qui sera ensuite développée en détail. Avant le vers 70, nous saurons exactement dans quelles conditions Agrippine a acquis le pouvoir à Néron, nous connaîtrons le sentiment qu'elle a de sa disgrâce, le fait nouveau de l'enlèvement de Junie, et l'intrigue politique qui amène Agrippine à appuyer Britannicus.

- **Les personnages** — ALBINE est la seule véritable confidente de la tragédie. En effet, Narcisse, confident à la fois de Néron et de Britannicus, joue un rôle personnel (voir p. 22) et Junie n'a pas de confidente. D'ailleurs, nous n'entendrons plus Albine que dans une courte scène (4) de l'acte III.
  AGRIPPINE se révélera davantage dans la deuxième moitié de la scène. Pour l'instant, c'est Néron qu'elle présente au spectateur, avec une lucidité à laquelle s'oppose une conception politique chimérique et compliquée.

① Analysez la réplique d'Agrippine du vers 31 au vers 58. Comment se concilient l'ordre et la passion? Pourquoi y a-t-il tant d'interrogations et d'exclamations dans la deuxième partie du texte?

∎∎∎

ALBINE.   — Quel dessein !

AGRIPPINE.   —   Je m'assure un port dans la tempête.
Néron m'échappera, si ce frein ne l'arrête.

ALBINE.   — Mais prendre contre un fils tant de soins superflus ?

AGRIPPINE.   — Je le craindrais bientôt, s'il ne me craignait plus.

ALBINE.   75 Une injuste frayeur vous alarme peut-être.
Mais si Néron pour vous n'est plus ce qu'il doit être,
Du moins son changement ne vient pas jusqu'à nous,
Et ce sont des secrets entre César et vous.
Quelques titres nouveaux que Rome lui défère,
80 Néron n'en reçoit point qu'il ne donne à sa mère[1];
Sa prodigue amitié[2] ne se réserve rien;
Votre nom est dans Rome aussi saint que le sien;
A peine parle-t-on de la triste Octavie[3].
Auguste votre aïeul honora moins Livie[4].
85 Néron devant sa mère a permis le premier
Qu'on portât les faisceaux couronnés de laurier[5].
Quels effets voulez-vous de sa reconnaissance ?

AGRIPPINE.   — Un peu moins de respect, et plus de confiance.
Tous ces présents, Albine, irritent[6] mon dépit :
90 Je vois mes honneurs croître et tomber mon crédit.
Non, non, le temps n'est plus que[7] Néron, jeune encore,
Me renvoyait les vœux d'une cour qui l'adore,
Lorsqu'il se reposait sur moi de tout l'État[8],
Que mon ordre au palais assemblait le sénat,
95 Et que derrière un voile, invisible et présente,
J'étais de ce grand corps l'âme toute puissante.
Des volontés de Rome alors mal assuré,
Néron de sa grandeur n'était point enivré.
Ce jour, ce triste jour frappe encor ma mémoire[9],
100 Où Néron fut lui-même ébloui de sa gloire,
Quand les ambassadeurs de tant de rois divers
Vinrent le reconnaître au nom de l'univers.
Sur son trône avec lui j'allais prendre ma place.
J'ignore quel conseil prépara ma disgrâce;

---

1. Historiquement exact : au début du règne de Néron, Agrippine fut comblée d'honneurs. — 2. Son amour filial. — 3. Sénèque le Tragique l'appelle ainsi; elle est présente mais invisible, impuissante et déjà condamnée. — 4. Livie, dernière femme d'Auguste, fut chérie et honorée par l'empereur qui adopta son fils Tibère; voir son rôle dans *Cinna*. — 5. C'était une prérogative des généraux vainqueurs. — 6. Rendent plus fort et plus vif. — 7. Où : substitution fréquente au XVIIe siècle. — 8. Du soin des affaires publiques. — 9. Tacite, XIII, 5 : « Un jour que les ambassadeurs arméniens plaidaient devant Néron la cause de leur pays, elle se préparait à monter sur l'estrade de l'Empereur... » C'est le conseil de Sénèque (le philosophe, précepteur et ministre de Néron) qui empêcha le scandale.

105 Quoi qu'il en soit, Néron, d'aussi loin qu'il me vit,
Laissa sur son visage éclater son dépit.
Mon cœur même en conçut un malheureux augure.
L'ingrat, d'un faux respect colorant[1] son injure,
Se leva par avance, et, courant m'embrasser,
110 Il m'écarta du trône où je m'allais placer[2].
Depuis ce coup fatal, le pouvoir d'Agrippine
Vers sa chute, à grands pas, chaque jour s'achemine.
L'ombre seule m'en reste, et l'on n'implore plus
Que le nom de Sénèque et l'appui de Burrhus[3].

ALBINE.   −115 Ah! si de ce soupçon votre âme est prévenue[4],
Pourquoi nourrissez-vous le venin qui vous tue?
Daignez avec César vous éclaircir[5] du moins.

AGRIPPINE.   — César ne me voit plus, Albine, sans témoins.
En public, à mon heure, on me donne audience.
120 Sa réponse est dictée, et même son silence.
Je vois deux surveillants[6], ses maîtres et les miens,
Présider l'un ou l'autre à tous nos entretiens.
Mais je le poursuivrai d'autant plus qu'il m'évite.
De son désordre[7], Albine, il faut que je profite.

---

1. Colorer : « donner une belle apparence à quelque chose de mauvais » (*Dict. de l'Acad.*, 1964). — 2. Où j'allais me placer : voir p. 27, n. 7). — 3. Voir la notice p. 21. — 4. Prévenir « signifie aussi : préoccuper l'esprit de quelqu'un » (*Dict. de l'Acad.*, 1964); *ce soupçon* est donc pour Albine une idée préconçue, une simple prévention. — 5. Vous expliquer, tirer l'affaire au clair. — 6. Sénèque et Burrhus. — 7. « Troubles, embarras, égarement d'esprit » (*Dict. de l'Acad.*, 1694).

■■

Les personnages — Accentuation d'une opposition déjà présente au début de la scène. Le rôle du confident est souvent d'amener le personnage principal à s'expliquer, par les objections qu'il soulève (voir p. 22); ALBINE, sensible aux seules apparences, souligne les prévenances de Néron. Qu'importe la réalité du pouvoir d'Agrippine, si elle est toujours honorée! Les répliques d'AGRIPPINE éclairent la nature de son ambition : nostalgie du pouvoir suprême. Elle n'en est pas moins une femme (une femme de la tragédie racinienne), car son imagination accroît (ou découvre) l'importance des moindres signes : elle revit la scène des ambassadeurs. Elle est mère aussi, non pas tant par amour que parce qu'elle veut que Néron soit ce qu'il ne peut pas être. Enfin, elle cherche des responsables, et elle découvre Sénèque et Burrhus.

L'action — La préparation de l'action complète l'exposition. Nous pouvons croire qu'Agrippine a déjà parlé d'une alliance avec Britannicus. L'enlèvement de Junie peut trouver là son explication.

① Étudiez la réplique d'Agrippine, du vers 88 au vers 114. Constatation amère du début (v. 88-90); retour à un passé enivrant (v. 91-96); scène de la disgrâce : splendeur éloquente du début (v. 97-103), un vers dur de transition (v. 104), un récit vif, avec une chute brutale (v. 105-110); puis une conclusion désabusée, avec le mouvement de colère du dernier vers.

■■

125 J'entends du bruit; on ouvre. Allons subitement
　　Lui demander raison de cet enlèvement.
　　Surprenons, s'il se peut, les secrets de son âme.
　　Mais quoi? déjà Burrhus sort de chez lui?

SCÈNE II. — AGRIPPINE, BURRHUS, ALBINE.

BURRHUS. —　　　　　　　　　　　　　　　　Madame,
　　Au nom de l'Empereur j'allais vous informer
130 D'un ordre[1] qui d'abord a pu vous alarmer,
　　Mais qui n'est que l'effet d'une sage conduite,
　　Dont César a voulu que vous soyez instruite.

AGRIPPINE. — Puisqu'il le veut, entrons : il m'en instruira mieux.

BURRHUS. — César pour quelque temps s'est soustrait à nos yeux.
135 Déjà, par une porte au public moins connue,
　　L'un et l'autre consul vous avaient prévenue[2],
　　Madame. Mais souffrez que je retourne exprès...

AGRIPPINE. — Non, je ne trouble point ses augustes secrets.
　　Cependant voulez-vous qu'avec moins de contrainte
140 L'un et l'autre une fois nous nous parlions sans feinte?

BURRHUS. — Burrhus pour le mensonge eut toujours trop d'horreur[3].

AGRIPPINE. — Prétendez-vous longtemps me cacher l'Empereur?
　　Ne le verrai-je plus qu'à titre d'importune?
　　Ai-je donc élevé si haut votre fortune
145 Pour mettre[4] une barrière entre mon fils et moi?
　　Ne l'osez-vous laisser un moment sur sa foi?[5]
　　Entre Sénèque et vous disputez-vous la gloire
　　A qui m'effacera plus tôt de sa mémoire?
　　Vous l'ai-je confié pour en faire un ingrat?
150 Pour être[6], sous son nom, les maîtres de l'État?
　　Certes, plus je médite et moins je me figure
　　Que vous m'osiez compter pour votre créature,
　　Vous dont j'ai pu[7] laisser vieillir l'ambition
　　Dans les honneurs obscurs de quelque légion[8].
155 Et moi qui sur le trône ai suivi mes ancêtres,
　　Moi, fille, femme, sœur et mère de vos maîtres[9],
　　Que prétendez-vous donc? Pensez-vous que ma voix
　　Ait fait un empereur pour m'en imposer trois[10]?

---

1. L'ordre d'enlever Junie. — 2. Devancée. — 3. On peut compléter la phrase ainsi :
« pour parler autrement que sans feinte ». — 4. Pour que vous mettiez : voir le v. 46. « On
dit aussi : *laisser un homme sur sa foi* pour dire : l'abandonner à sa conduite »(*Dict.* de Furetière, 1690). — 6. Pour que vous soyez : voir le v. 46. — 7. J'aurais pu : voir le v. 61.
— 8. Agrippine considère Burrhus comme sa créature : d'un tribun militaire, elle a fait le
chef des cohortes prétoriennes. — 9. Voir le tableau généalogique des Césars p. 24. —
10. Pour qu'on m'en impose trois : voir le v. 46.

Néron n'est plus enfant : n'est-il pas temps qu'il règne ?
160 Jusqu'à quand voulez-vous que l'Empereur vous
craigne ?
Ne saurait-il rien voir, qu'il n'emprunte vos yeux ?
Pour se conduire, enfin, n'a-t-il pas ses aïeux ?
Qu'il choisisse, s'il veut, d'Auguste ou de Tibère ;
Qu'il imite, s'il peut, Germanicus, mon père.
165 Parmi tant de héros je n'ose me placer ;
Mais il est des vertus que je lui puis tracer.
Je puis l'instruire au moins combien sa confidence[1],
Entre un sujet et lui doit laisser de distance.

---

1. Confidence et confiance sont les doublets du même mot latin.

■■■

- **Le progrès de l'action** — Néron s'est méfié d'une visite imprévue de sa mère ; il se dérobe, en chargeant Burrhus de donner des explications à Agrippine : coup de théâtre qui confirme les soupçons d'Agrippine. La scène doit donc nous apporter : la réaction d'Agrippine au procédé de Néron ; l'explication de l'enlèvement de Junie. En fait, la scène va se développer dans un mouvement à la fois ample et rapide :
— treize vers (v. 129-141) suffisent pour faire le point de la situation : Agrippine sèche, ironique, hautaine, en face de Burrhus respectueux, conciliant, embarrassé, mais parlant « au nom de l'empereur » ;
— attaque d'Agrippine (v. 142-168) ;
— réplique de Burrhus (v. 169-220) ;
— échange de répliques qui laissent les deux adversaires sur leurs positions (v. 221-286). Au passage, nous apprenons ce qu'il nous faut savoir. Ainsi la scène développe l'exposition tout en faisant progresser l'action.

- **Le caractère d'Agrippine** — *Sa logique* : Néron doit régner ! Mais n'est-ce pas Burrhus qui l'en empêche ? Agrippine ne songe qu'à elle-même : elle l'a avoué à Albine au v. 124. Elle ne peut supposer que les conseillers de Néron cherchent autre chose que leur propre pouvoir. L'égoïsme d'Agrippine l'empêche de les comprendre, et la condamne. Ignorant Burrhus, elle s'ignore elle-même : l'ignorance de soi est à la base du tragique comme du comique (voir le commentaire p. 65).
Son style traduit à la fois son caractère impérieux et irritable et son désarroi intime. Mouvement d'un seul élan, où les nuances ne se distinguent qu'à l'analyse. Du v. 142 au v. 150, martèlement d'interrogations âpres et ironiques (relevez les mots qui marquent cette ironie). Du v. 151 au v. 156, une seule phrase, construite sur l'antithèse entre l'indignité de Burrhus soulignée par des expressions méprisantes et l'éclat d'Agrippine et de sa race (étudiez le rythme du v. 156[1]). Du v. 157 au v. 164, reprise du style haché ; expression simple et directe. La fin reprend l'antithèse essentielle de la race des héros et de celle des sujets. Agrippine a le génie de l'insulte.

---

1. Pour indiquer le rythme d'un vers, on coupe chaque élément rythmique aussitôt après la syllabe accentuée. Ex. (v. 155) : 2 + 4 + 3 + 3.

■■■

BURRHUS.   — Je ne m'étais chargé dans cette occasion
170   Que d'excuser César d'une seule action.
  Mais puisque, sans vouloir que je le justifie,
  Vous me rendez garant du reste de sa vie,
  Je répondrai, Madame, avec la liberté
  D'un soldat qui sait mal farder la vérité.
175   Vous m'avez de César confié la jeunesse,
  Je l'avoue, et je dois m'en souvenir sans cesse.
  Mais vous avais-je fait serment de le trahir?
  D'en faire un empereur qui ne sût qu'obéir?
  Non. Ce n'est plus à vous qu'il faut que j'en réponde.
180   Ce n'est plus votre fils, c'est le maître du monde.
  J'en dois compte, Madame, à l'empire romain,
  Qui croit voir son salut ou sa perte en ma main.
  Ah! si dans l'ignorance il le fallait instruire[1],
  N'avait-on que Sénèque et moi pour le séduire[2]?
185   Pourquoi de sa conduite[3] éloigner les flatteurs?
  Fallait-il dans l'exil[4] chercher des corrupteurs[5]?
  La cour de Claudius, en esclaves[6] fertile,
  Pour deux que l'on cherchait, en eût présenté mille,
  Qui tous auraient brigué l'honneur de l'avilir :
190   Dans une longue enfance ils l'auraient fait vieillir.
  De quoi vous plaignez-vous, Madame? On vous révère.
  Ainsi que par César, on jure par sa mère.
  L'Empereur, il est vrai, ne vient plus chaque jour
  Mettre à vos pieds l'Empire et grossir votre cour.
195   Mais le doit-il, Madame? et sa reconnaissance
  Ne peut-elle éclater que dans sa dépendance[7]?
  Toujours humble, toujours le timide Néron
  N'ose-t-il être Auguste et César que de nom?
  Vous le dirai-je enfin? Rome le justifie.
200   Rome, à trois affranchis si longtemps asservie,
  A peine respirant du joug[8] qu'elle a porté,
  Du règne de Néron compte sa liberté.
  Que dis-je? la vertu semble même renaître.
  Tout l'Empire n'est plus la dépouille[9] d'un maître.
205   Le peuple au Champ de Mars nomme ses magistrats[10];

---

1. Élever. — 2. Latin *seducere* : détourner du droit chemin. — 3. De son éducation. — 4. Allusion à Sénèque, rappelé par Agrippine de la Corse où Messaline l'avait fait exiler. — 5. Des gens pour le corrompre. — 6. En affranchis plutôt : Burrhus en évoque *trois* au v. 200 : Pallas, Narcisse et Caliste. — 7. Dans le fait qu'il dépende de vous. — 8. Se remettant d'avoir subi le joug. — 9. Le butin. — 10. En réalité le prince choisissait, le sénat nommait et les comices proclamaient les noms.

César nomme les chefs sur la foi des soldats;
Thraséas au sénat, Corbulon[1] dans l'armée,
Sont encore innocents, malgré leur renommée;
Les déserts[2], autrefois peuplés de sénateurs,
210 Ne sont plus habités que par leurs délateurs.
Qu'importe que César continue à nous croire,
Pourvu que nos conseils ne tendent qu'à sa gloire;
Pourvu que, dans le cours d'un règne florissant,
Rome soit toujours libre, et César tout-puissant?
215 Mais, Madame, Néron suffit pour se conduire.
J'obéis, sans prétendre à l'honneur de l'instruire.
Sur ses aïeux, sans doute, il n'a qu'à se régler;
Pour bien faire, Néron n'a qu'à se ressembler :
Heureux si ses vertus, l'une à l'autre enchaînées,
220 Ramènent tous les ans ses premières années !

AGRIPPINE. — Ainsi, sur l'avenir n'osant vous assurer[3],
Vous croyez que sans vous Néron va s'égarer.
Mais vous qui, jusqu'ici content de votre ouvrage,
Venez de ses vertus nous rendre témoignage,
225 Expliquez-nous pourquoi, devenu ravisseur,
Néron de Silanus fait enlever la sœur.
Ne tient-il qu'à marquer de cette ignominie
Le sang de mes aïeux qui brille dans Junie?
De quoi l'accuse-t-il? Et par quel attentat
230 Devient-elle en un jour criminelle d'État,
Elle qui, sans orgueil jusqu'alors élevée,
N'aurait point vu Néron s'il ne l'eût enlevée,
Et qui même aurait mis au rang de ses bienfaits[4]
L'heureuse liberté de ne le voir jamais?

---

1. Thraséas, vertueux stoïcien, et Corbulon, excellent général, devaient périr tous deux sur l'ordre de Néron. Leurs noms, prononcés par Burrhus comme témoignage de la vertu de l'empereur, ont une résonance tragique pour le spectateur lettré. — 2. La Corse, la Sardaigne étaient des lieux de déportation; Octavie sera exilée en Corse. — 3. N'osant avoir confiance dans l'avenir. — 4. Les bienfaits de Néron.

■■

- **Éloquence** — La réplique de Burrhus est une plaidoirie rigoureusement composée. *Exorde* (v. 169-174) : il répondra sur l'ensemble. *Premier point* (v. 176-190) : défense de l'éducation donnée à Néron par Burrhus et Sénèque. Deux arguments, l'un portant sur le fond de la question, l'autre visant l'adversaire. *Deuxième point* (v. 191-198) : les relations d'Agrippine et de Néron. *Troisième point* (v. 199-214) : apologie du règne de Néron. *Péroraison :* un avenir heureux.

① Ce discours ne fait qu'irriter davantage Agrippine. Pourquoi?

■■

BURRHUS.   —235 Je sais que d'aucun crime elle n'est soupçonnée;
Mais jusqu'ici César ne l'a point condamnée,
Madame; aucun objet ne blesse ici ses yeux :
Elle est dans un palais tout plein de ses aïeux.
Vous savez que les droits qu'elle porte avec elle[1]
240 Peuvent de son époux faire un prince rebelle;
Que le sang de César ne se doit allier
Qu'à ceux à qui César le veut bien confier;
Et vous-même avoûrez[2] qu'il ne serait pas juste
Qu'on disposât sans lui de la nièce[3] d'Auguste.

AGRIPPINE.   —245 Je vous entends[4] : Néron m'apprend par votre voix
Qu'en vain Britannicus s'assure[5] sur mon choix.
En vain, pour détourner ses yeux de sa misère[6],
J'ai flatté[7] son amour d'un hymen qu'il espère :
A[8] ma confusion, Néron veut faire voir
250 Qu'Agrippine promet par delà son pouvoir.
Rome de ma faveur est trop préoccupée[9] :
Il veut par cet affront qu'elle soit détrompée,
Et que tout l'univers apprenne avec terreur
A ne confondre plus mon fils et l'Empereur.
255 Il le peut. Toutefois j'ose encore lui dire
Qu'il doit avant ce coup[10] affermir son empire;
Et qu'en me réduisant à la nécessité
D'éprouver[11] contre lui ma faible autorité,
Il expose la sienne, et que dans la balance
260 Mon nom peut-être aura plus de poids qu'il ne pense.

BURRHUS.   — Quoi! Madame, toujours soupçonner son respect?
Ne peut-il faire un pas qui ne vous soit suspect?
L'Empereur vous croit-il du parti de Junie?
Avec Britannicus vous croit-il réunie[12]?
265 Quoi! de vos ennemis devenez-vous l'appui
Pour trouver un prétexte à vous plaindre de lui?
Sur le moindre discours[13] qu'on pourra vous redire,
Serez-vous toujours prête à partager[14] l'Empire?

---

1. Junie descendait d'Auguste (voir le tableau généalogique, p. 24); mais elle n'avait aucun droit. — 2. Cette orthographe évite l'hiatus. — 3. La descendante (latin : *nepos*). — 4. Comprends : sens classique. — 5. Voir le v. 221. — 6. Malheur, infortune. — 7. « On dit flatter quelqu'un de quelque chose pour dire : lui faire espérer quelque chose, l'amuser de l'espérance de quelque chose » (*Dict. de l'Acad.*, 1694). — 8. Pour ma confusion; l'usage classique préfère souvent *à* ou *de* aux autres prépositions. — 9. Rome est trop convaincue à l'avance de ma faveur. — 10. Acte notoire. — 11. Faire l'épreuve. — 12. « Réunir : signifie aussi réconcilier » (*Dict.* de Furetière, 1690). — 13. Propos. — 14. « Séparer en partis opposés : Cette querelle va partager toute la cour » (*Dict. de l'Acad.*, 1694).

Vous craindrez-vous sans cesse, et vos embrassements
270 Ne se passeront-ils qu'en éclaircissements[1]?
Ah! quittez d'un censeur[2] la triste diligence[3];
D'une mère facile[4] affectez l'indulgence;
Souffrez quelques froideurs[5] sans les faire éclater[6],
Et n'avertissez point la cour de vous quitter[7].

AGRIPPINE. — 275 Et qui s'honorerait de l'appui d'Agrippine
Lorsque Néron lui-même annonce ma ruine?
Lorsque de sa présence il semble me bannir?
Quand Burrhus à sa porte ose me retenir?

BURRHUS. — Madame, je vois bien qu'il est temps de me taire,
280 Et que ma liberté[8] commence à vous déplaire.
La douleur est injuste, et toutes les raisons
Qui ne la flattent point aigrissent ses soupçons.
Voici Britannicus. Je lui cède ma place.

1. Explications à propos de querelles. — 2. Magistrat romain chargé de surveiller les mœurs des citoyens. — 3. « Diligence : l'exactitude qu'on a à faire quelque recherche » (*Dict.* de Furetière, 1690). — 4. Indulgente, conciliante. — 5. Marques de froideur : la langue classique emploie plus souvent que la nôtre le pluriel des mots abstraits, en y attachant une idée de répétition. — 6. Sans les rendre évidentes au public. — 7. Tacite, XIII, 19 : « Rien au monde n'est aussi fragile et aussi fugitif qu'un renom de pouvoir qui n'est pas appuyé sur une force qui lui est propre. Le seuil d'Agrippine est aussitôt désert... » — 8. Ma liberté de langage.

● **L'action** — Qu'est-ce que la fin de la scène nous apporte de nouveau? — Des indications précises sur Junie. Nous connaissons ses fiançailles avec Britannicus, la mort de son frère (premier fiancé d'Octavie), l'appui présent d'Agrippine. Burrhus évoque maintenant les droits de la descendante d'Auguste, et quelques mots d'Agrippine nous précisent non seulement l'aversion de Junie pour Néron (ce que nous pouvions supposer), mais un trait de son caractère, une réserve modeste (*sans orgueil*: v. 231).
— Le motif de l'enlèvement (raison d'être initiale de la scène) : mesure politique, présentée par Burrhus de manière rassurante. Mais, puisque c'est le mariage de Junie qui est mis en cause par l'Empereur, Agrippine est bravée et Britannicus menacé : périls évidents.
— Enfin, les derniers vers de la scène nous apprennent que Burrhus n'avait pas été consulté (ou du moins que ses conseils n'avaient pas été suivis). Le tour de la phrase (v. 286) laisse penser qu'il y a eu un autre conseiller : nous devinons Narcisse avant de le connaître. Ainsi, l'exposition s'enrichit et les développements ultérieurs de l'action se préparent.

● **Les sentiments** expriment la fatalité des caractères. L'orgueil et l'égoïsme d'AGRIPPINE l'empêchent de comprendre Burrhus. Ainsi, elle contribue à le condamner à une impuissance qui se retournera contre elle. Observez son imprudence : elle croit Burrhus son ennemi, et elle menace Néron devant lui.
— BURRHUS ne veut connaître que son respect pour Agrippine, sa fidélité à Néron, et l'union nécessaire de la famille impériale.

> Je vous laisse écouter et plaindre sa disgrâce[1],
> 285 Et peut-être, Madame, en accuser les soins[2]
> De ceux que l'Empereur a consultés le moins.

SCÈNE III. — AGRIPPINE, BRITANNICUS, NARCISSE, ALBINE.

AGRIPPINE. — Ah! Prince, où courez-vous? Quelle ardeur inquiète
Parmi vos ennemis en aveugle vous jette?
Que venez-vous chercher?

BRITANNICUS. — Ce que je cherche? Ah Dieux!
290 Tout ce que j'ai perdu, Madame, est en ces lieux.
De mille affreux soldats Junie environnée
S'est vue en ce palais indignement traînée.
Hélas! de quelle horreur ses timides esprits[3]
A ce nouveau[4] spectacle auront été surpris!
295 Enfin on me l'enlève. Une loi trop sévère
Va séparer deux cœurs qu'assemblait leur misère.
Sans doute on ne veut pas que, mêlant nos douleurs,
Nous nous aidions l'un l'autre à porter nos malheurs.

AGRIPPINE. — Il suffit. Comme vous je ressens vos injures[5] :
300 Mes plaintes ont déjà précédé vos murmures;
Mais je ne prétends pas qu'un impuissant courroux
Dégage ma parole et m'acquitte envers vous.
Je ne m'explique point. Si vous voulez m'entendre,
Suivez-moi chez Pallas[6], où je vais vous attendre.

SCÈNE IV. — BRITANNICUS, NARCISSE.

BRITANNICUS. — 305 La croirai-je, Narcisse? et dois-je sur sa foi[7]
La prendre pour arbitre entre son fils et moi?
Qu'en dis-tu? N'est-ce pas cette même Agrippine
Que mon père épousa jadis pour ma ruine,
Et qui, si je t'en crois, a de ses derniers jours,
310 Trop lents pour ses desseins, précipité le cours[8]?

---

1. « Signifie aussi : infortune, malheur... » (*Dict. de l'Acad.*, 1694). — 2. Les efforts, l'activité. — 3. Son cœur; la préférence du pluriel au XVIIe siècle s'explique par la théorie des « esprits animaux » : « ils sont les auteurs du sentiment et du mouvement animal » (*Dict.* de Furetière, 1690). — 4. Extraordinaire. — 5. Les injures que vous avez subies. — 6. Pallas, le plus insolent et le plus riche des affranchis de Claude, avait été l'amant d'Agrippine. — 7. Sur sa parole. — 8. Des champignons préparés par *la fameuse Locuste* (v. 1392) à la prière d'Agrippine causèrent la mort de Claude.

NARCISSE. — N'importe. Elle se sent comme vous outragée;
A vous donner Junie elle s'est engagée :
Unissez vos chagrins[1]; liez vos intérêts.
Ce palais retentit en vain de vos regrets :
315 Tandis qu'[2]on vous verra d'une voix suppliante
Semer ici la plainte et non pas l'épouvante,
Que vos ressentiments se perdront en discours,
Il n'en faut point douter, vous vous plaindrez toujours.

BRITANNICUS. — Ah! Narcisse, tu sais si de la servitude
320 Je prétends faire encore une longue habitude;
Tu sais si pour jamais, de ma chute étonné[3],
Je renonce à l'Empire où[4] j'étais destiné.
Mais je suis seul encor. Les amis de mon père
Sont autant d'inconnus que glace ma misère[5];
325 Et ma jeunesse même écarte loin de moi
Tous ceux qui dans le cœur me réservent leur foi[6].
Pour moi, depuis un an qu'un peu d'expérience
M'a donné de mon sort la triste connaissance,
Que vois-je autour de moi, que[7] des amis vendus
330 Qui sont de tous mes pas les témoins assidus,
Qui, choisis par Néron pour ce commerce infâme,
Trafiquent avec lui des secrets de mon âme[8]?
Quoi qu'il en soit, Narcisse, on me vend[9] tous les jours :
Il prévoit mes desseins, il entend mes discours;
335 Comme toi, dans mon cœur il sait ce qui se passe.
Que t'en semble, Narcisse?

NARCISSE. — Ah! quelle âme assez basse...[10]
C'est à vous de choisir des confidents discrets,
Seigneur, et de ne pas prodiguer vos secrets.

BRITANNICUS. — Narcisse, tu dis vrai. Mais cette défiance
340 Est toujours d'un grand cœur la dernière science :
On le trompe longtemps. Mais enfin je te croi[11],
Ou plutôt je fais vœu de ne croire que toi.
Mon père, il m'en souvient, m'assura de ton zèle.

---

1. Vos rancunes. — 2. Tant que; Racine avait d'abord écrit : « tant que l'on vous verra », — 3. Paralysé comme par la foudre. — 4. Voir p. 28, n. 1. — 5. Mon malheur : voir le v. 247. — 6. Leur fidélité. — 7. Sinon : usage fréquent chez les classiques. — 8. Tacite, XII, 15 : « L'entourage immédiat de Britannicus n'avait ni foi ni loi; dès longtemps on avait eu soin d'y pourvoir. » — 9. On me trahit. — 10. C'est une des plus belles formules de Narcisse; pourquoi? — 11. Forme normale (latin *credo*) de la première personne du singulier à l'indicatif présent.

Seul de ses affranchis tu m'es toujours fidèle ;
345 Tes yeux, sur ma conduite incessamment ouverts,
M'ont sauvé jusqu'ici de mille écueils couverts[1],
Va donc voir si le bruit de ce nouvel orage
Aura de nos amis excité le courage.
Examine leurs yeux, observe leurs discours ;
350 Vois si j'en puis attendre un fidèle secours.
Surtout dans ce palais remarque avec adresse
Avec quel soin Néron fait garder la Princesse.
Sache si du péril ses beaux yeux sont remis,
Et si son entretien[2] m'est encore permis.
355 Cependant de Néron je vais trouver la mère
Chez Pallas, comme toi l'affranchi de mon père.
Je vais la voir, l'aigrir[3], la suivre, et, s'il se peut,
M'engager sous son nom plus loin qu'elle ne veut.

I. Dissimulés. — 2. Un entretien avec elle : tournure concise, assez fréquente au XVIIe siècle. — 3. Voir p. 111, n. 2.

■■

● **Peinture des caractères** — Britannicus, avons-nous vu, s'est révélé par l'*ardeur inquiète* (v. 287) qui le précipite au milieu de ses ennemis : son caractère s'est dessiné dès son entrée en scène. Il en a été de même pour les autres personnages : attente irritée d'Agrippine, majesté de Burrhus (*au nom de l'Empereur*, v. 129)... L'entrée de NARCISSE est silencieuse : il semble qu'il glisse inaperçu derrière Britannicus. Modestie fructueuse : le nom de Pallas, prononcé par Agrippine devant Britannicus et Narcisse (v. 304), le sera encore, après l'entracte, par Néron... mais pour un ordre d'exil (v. 363-371). Les moindres paroles, les réticences, les silences comptent : l'art racinien suggère autant qu'il explique. *Ah ! quelle âme assez basse...* (v. 336) : l'habileté de Narcisse repose sur sa connaissance des hommes. Seul avec Britannicus, il parle peu, mais le peu qu'il dit pousse le jeune homme vers sa perte. Écartant par un argument plausible (v. 311) les doutes de Britannicus au sujet d'Agrippine, il attaque l'amour-propre du jeune prince (v. 318). Le ton est amical et bourru comme celui d'un vieil ami.

BRITANNICUS. — Racine tient à justifier l'aveuglement de Britannicus. Examinez la valeur des raisons qu'il peut avoir de se fier à Narcisse. Quels traits de son caractère peuvent expliquer qu'il les accepte si facilement ?

● **La poésie** — Les vers 323-324 sont un écho des vers 296-298. Vous étudierez comment les mots à la rime : *misère, douleurs, malheurs ; misère,* créent une atmosphère. Comme Bajazet et Atalide, Britannicus et Junie ont la nostalgie des espérances anciennes.

① Quel intérêt Narcisse a-t-il à perdre Britannicus ?

② Pouvons-nous soupçonner, dès cette scène, qu'il le trahit ?

■■

Ph. © Bernand - Photeb

Néron (Robert Hirsch) et Narcisse ▲
(François Chaumette) dans la mise
en scène de Michel Vitold à
la Comédie-Française;
décors et costumes de
Francine Gaillard Risler (1961)

Néron (François Maillot)
et Burrhus dans la mise
en scène de Gérard Lesur
▼ à la Cité Universitaire (1977)

Ph. © Nicolas Treatt-Photeb

DÉCORS
ET
COSTUMES

◀ Agrippine jouée par
Mademoiselle Dumenil
(1713-1803)

Patrice Alexandre ▶
(Néron) et
Bernard Allouf
(Narcisse)
dans la mise en scène de
Daniel Mesguich à la
Nouvelle Comédie (1975)

ACTE II

SCÈNE PREMIÈRE. — NÉRON, BURRHUS, NARCISSE, GARDES.

NÉRON.　　　　　— N'en doutez point, Burrhus : malgré ses injustices[1],
360　　C'est ma mère, et je veux ignorer ses caprices.
　　　Mais je ne prétends[2] plus ignorer ni souffrir
　　　Le ministre insolent qui les ose nourrir[3].
　　　Pallas de ses conseils empoisonne ma mère;
　　　Il séduit[4] chaque jour Britannicus mon frère.
365　　Ils l'écoutent tout seul; et qui suivrait leurs pas
　　　Les trouverait peut-être assemblés[5] chez Pallas.
　　　C'en est trop. De tous deux il faut que je l'écarte.
　　　Pour la dernière fois, qu'il s'éloigne, qu'il parte :
　　　Je le veux, je l'ordonne; et que la fin du jour
370　　Ne le retrouve pas dans Rome ou dans ma cour.
　　　Allez : cet ordre importe au salut de l'Empire.
　　　Vous, Narcisse, approchez.　　(Aux gardes.)
　　　　　　　　　　　Et vous, qu'on se retire.

SCÈNE II. — NÉRON, NARCISSE.

NARCISSE.　　　— Grâces aux Dieux, Seigneur, Junie entre vos mains[6]
　　　Vous assure aujourd'hui du reste des Romains.
375　　Vos ennemis, déchus[7] de leur vaine espérance,
　　　Sont allés chez Pallas pleurer leur impuissance.
　　　Mais que vois-je? Vous-même, inquiet, étonné[8],
　　　Plus que Britannicus paraissez consterné.
　　　Que présage à mes yeux cette tristesse obscure[9],
380　　Et ces sombres regards errants[10] à l'aventure?
　　　Tout vous rit : la fortune obéit à vos vœux.

NÉRON.　　　　　— Narcisse, c'en est fait, Néron est amoureux.

NARCISSE.　　　— Vous?

NÉRON.　　　　　　　　Depuis un moment, mais pour toute ma vie.
　　　J'aime (que dis-je aimer?), j'idolâtre Junie.

NARCISSE.　　 -385 Vous l'aimez?

NÉRON.　　　　　　　　Excité d'un[11] désir curieux,
　　　Cette nuit je l'ai vue arriver en ces lieux,
　　　Triste, levant au ciel ses yeux mouillés de larmes,

---

1. Voir le v. 273. — 2. Prétendre : « avoir intention, avoir dessein » (Dict. de l'Acad., 1694). — 3. Voir p. 27, n. 7. — 4. Voir le v. 184. — 5. Le mot évoque l'idée d'un complot. — 6. Le fait que Junie soit entre vos mains : tour latin. — 7. Tombés du haut de. — 8. Voir le v. 321. — 9. Sens actif de l'adjectif : qui obscurcit votre front. — 10. L'usage classique tolérait que le participe présent employé comme verbe fût variable, bien que la règle le distinguant de l'adjectif verbal — toujours variable — fût connue. — 11. Par : voir le v. 249.

Qui brillaient au travers des flambeaux et des armes :
Belle, sans ornements, dans le simple appareil[1]
390 D'une beauté qu'on vient d'arracher au sommeil.
Que veux-tu? Je ne sais si cette négligence[2],
Les ombres, les flambeaux, les cris et le silence,
Et le farouche aspect de ses fiers[3] ravisseurs
Relevaient[4] de ses yeux les timides douceurs.
395 Quoi qu'il en soit, ravi d'une si belle vue[5],
J'ai voulu lui parler, et ma voix s'est perdue :
Immobile, saisi d'un long étonnement,
Je l'ai laissé[6] passer dans son appartement.
J'ai passé dans le mien. C'est là que solitaire,
400 De son image en vain j'ai voulu me distraire[7] :
Trop présente à mes yeux[8], je croyais lui parler;
J'aimais jusqu'à ses pleurs que je faisais couler.
Quelquefois, mais trop tard, je lui demandais grâce;
J'employais les soupirs, et même la menace.
405 Voilà comme[9], occupé[10] de mon nouvel amour,
Mes yeux, sans se fermer, ont attendu le jour.
Mais je m'en fais peut-être une trop belle image;
Elle m'est apparue avec trop d'avantage;
Narcisse, qu'en dis-tu?

NARCISSE. —   Quoi? Seigneur, croira-t-on
410 Qu'elle ait pu si longtemps se cacher à Néron?

NÉRON. — Tu le sais bien, Narcisse. Et soit que sa colère
M'imputât le malheur qui lui ravit son frère[11];
Soit que son cœur, jaloux d'[12]une austère fierté,
Enviât[13] à nos yeux sa naissante beauté;
415 Fidèle à sa douleur et dans l'ombre enfermée,
Elle se dérobait même à sa renommée.
Et c'est cette vertu, si nouvelle à la cour,
Dont la persévérance irrite[14] mon amour.
Quoi, Narcisse! Tandis qu'il n'est point de Romaine
420 Que mon amour n'honore et ne rende plus vaine,

---

1. La simple tenue. — 2. Cette absence de parure. — 3. Latin *ferus :* « farouche, cruel, barbare » (*Dict. de l'Acad.*, 1694). — 4. Mettaient en relief, faisaient valoir davantage. — 5. Un si beau spectacle. — 6. Lorsque le verbe précédé d'un complément d'objet est suivi d'un infinitif, on tolère aujourd'hui que le participe ne s'accorde pas; au XVIIe siècle, la règle des participes n'était pas encore fixée. — 7. Me détourner. — 8. *Trop présente à mes yeux* ne se rapporte pas au sujet *je*; exemple d'une construction libre, concise et très expressive, fréquente chez Racine. — 9. Comment. — 10. Absorbé par; « se dit [aussi] en choses morales et spirituelles » (*Dict.* de Furetière, 1690); *occupé* se rapporte à l'idée du pronom personnel *moi* contenue dans *mes yeux*. — 11. Silanus, voir le v. 64. — 12. Désireux de préserver. — 13. Latin *invidere* : refusât. — 14. « Irriter ... exciter » (*Dict.* de Furetière, 1690), rendre plus vif et plus fort.

Qui, dès qu'à ses regards elle ose se fier,
Sur le cœur de César ne les vienne essayer;
Seule dans son palais la modeste Junie
Regarde leurs honneurs[1] comme une ignominie,
425 Fuit[2], et ne daigne pas peut-être s'informer
Si César est aimable, ou bien s'il sait aimer?
Dis-moi : Britannicus l'aime-t-il?

NARCISSE. —   Quoi! s'il l'aime,
Seigneur?

NÉRON. —   Si jeune encor, se connaît-il lui-même?
D'un regard enchanteur[3] connaît-il le poison?

---

1. Les honneurs qu'elles reçoivent; à rapprocher de *que mon amour n'honore* (v. 420). — 2. Observer la valeur prosodique de ce monosyllabe. — 3. Ensorceleur : idée d'un charme magique, cf. le latin *incantare*.

■■

- **Néron** — Le personnage principal apparaît au début du second acte, après avoir concentré sur lui, pendant le premier acte, l'attention des autres personnages : sa renommée l'a devancé sur la scène. Il va se révéler, ou plutôt se confesser involontairement, nous offrant de lui des images successives dont l'ensemble fera un portrait.
— Néron devant Burrhus (v. 359-372) : observez la netteté de la composition, la vigueur du style; relevez tous les mots exprimant une volonté. Néron joue son rôle de maître.
— Néron devant Narcisse : il joue son rôle d'amoureux. Non qu'il feigne les sentiments qu'il exprime, mais il a besoin de les recréer devant Narcisse, devant un témoin complaisant, pour jouir de son propre émerveillement et de ses dons d'artiste. D'où un langage très différent du précédent. Notez l'emphase initiale : *Néron est amoureux* (v. 382); analysez le tableau fait d'ombres et de lumières étudiées (v. 385-394); suivez l'analyse précise et lucide du désarroi de Néron (v. 400-406) : les vers 402 et 404 traduisent la cruauté tortueuse de l'esthète; le mot *menace* (v. 404) achève l'évocation.

- **Junie** — Discrètement évoquée au cours du premier acte, elle se révèle à nous, dépeinte et même à demi devinée par Néron. Sa beauté est suggérée par quelques mots très généraux. L'expression précieuse *une beauté* (v. 390) et la périphrase recherchée des vers 389-390 sont en harmonie avec le raffinement descriptif de Néron.

① Relevez, dans le récit de l'enlèvement (v. 385-404) et dans le développement qui suit, tout ce qui concourt à nous faire deviner la réserve, la fierté et la douceur de la jeune fille.
② Retrouvez le thème de la solitude, chez Néron, et comparez sa solitude à celle de Britannicus évoquée dans l'acte I.

- **Les allusions contemporaines** — Il est impossible, en lisant les vers 417-422, de ne pas songer que la vertu de Junie aurait été aussi *nouvelle* (v. 417) à la cour de Louis XIV qu'à la cour de Néron, et que, sur ce point au moins, le jeune roi n'avait rien à envier à Néron.

■■

NARCISSE.   430 Seigneur, l'amour toujours n'attend pas la raison.
                 N'en doutez point, il l'aime. Instruits par tant de
                                      [charmes,
                 Ses yeux sont déjà faits à l'usage des larmes.
                 A ses moindres désirs il sait s'accommoder;
                 Et peut-être déjà sait-il persuader.

NÉRON.   435 Que dis-tu? Sur son cœur il aurait quelque empire?

NARCISSE.   — Je ne sais; mais, Seigneur, ce que je puis vous dire,
                 Je l'ai vu[1] quelquefois s'arracher de ces lieux,
                 Le cœur plein d'un courroux qu'il cachait à vos yeux,
                 D'une cour qui le fuit pleurant l'ingratitude,
    440 Las de votre grandeur et de sa servitude,
                 Entre l'impatience[2] et la crainte flottant :
                 Il allait voir Junie, et revenait content.

NÉRON.   — D'autant plus malheureux qu'il aura su lui plaire,
                 Narcisse, il doit plutôt souhaiter sa colère.
    445 Néron impunément[3] ne sera pas jaloux.

NARCISSE.   — Vous? Et de quoi, Seigneur, vous inquiétez-vous?
                 Junie a pu le plaindre et partager ses peines :
                 Elle n'a vu couler de larmes que les siennes.
                 Mais aujourd'hui, Seigneur, que ses yeux dessillés[4],
    450 Regardant de plus près l'éclat dont vous brillez,
                 Verront autour de vous les rois sans diadème,
                 Inconnus dans la foule, et son amant lui-même,
                 Attachés sur vos yeux[5] s'honorer d'un regard
                 Que vous aurez sur eux fait tomber au hasard;
    455 Quand elle vous verra, de ce degré de gloire,
                 Venir en soupirant avouer sa victoire[6] :
                 Maître[7], n'en doutez point, d'un cœur déjà charmé[8],
                 Commandez qu'on vous aime, et vous serez aimé.

NÉRON.   — A combien de chagrins il faut que je m'apprête!
    460 Que d'importunités!

NARCISSE.   —   Quoi donc? qui[9] vous arrête,
                 Seigneur?

---

1. C'est que je l'ai vu. — 2. Voir le v. 11. — 3. Sans punir son rival : l'adverbe a un sens actif, alors qu'aujourd'hui il a le sens passif « sans être puni », déjà connu au XVIIe siècle. — 4. Terme de fauconnerie : on coud (on cille) les paupières (les cils) du faucon pour son dressage, on les décout (décille ou dessille) quand il est achevé. Junie ne commencera vraiment à voir le monde que quand elle connaîtra Néron et la splendeur de sa cour. — 5. Image libre et audacieuse reprise dans *Bérénice :* « Lorsqu'il passait les jours attaché sur ma vue. » — 6. La victoire remportée par Junie sur le cœur de Néron : voir le v. 354. — 7. Devenu vous-même déjà maître... — 8. Voir le v. 429. — 9. Pronom neutre : quel obstacle.

NÉRON. —   Tout : Octavie, Agrippine, Burrhus,
Sénèque, Rome entière, et trois ans de vertus.
Non que pour Octavie un reste de tendresse
M'attache à son hymen et plaigne sa jeunesse.
465 Mes yeux, depuis longtemps fatigués de ses soins[1],
Rarement de ses pleurs daignent être témoins :
Trop heureux si bientôt la faveur d'un divorce
Me soulageait d'un joug qu'on m'imposa par force !
Le Ciel même en secret semble le condamner.
470 Ses vœux, depuis quatre ans, ont beau l'importuner,
Les Dieux ne montrent point que sa vertu les touche :
D'aucun gage, Narcisse, ils n'honorent sa couche ;
L'Empire vainement demande un héritier.

NARCISSE. — Que[2] tardez-vous, Seigneur, à la répudier ?
475 L'Empire, votre cœur, tout condamne Octavie.
Auguste, votre aïeul, soupirait pour Livie :
Par un double divorce[3] ils s'unirent tous deux ;
Et vous devez l'Empire à ce divorce heureux.
Tibère, que l'hymen plaça dans sa famille[4],
480 Osa bien à ses yeux répudier sa fille[5].
Vous seul, jusques ici contraire à vos désirs,
N'osez par un divorce assurer vos plaisirs.

---

1. Sa sollicitude inquiète. — 2. Pourquoi. — 3. Celui d'Auguste d'avec Scribonia, et celui de Livie d'avec Claudius Nero (déjà mère de Tibère, elle attendait la naissance de Drusus, qui devait être le grand-père d'Agrippine). — 4. Celle d'Auguste. — 5. Julie, fille d'Auguste et de Scribonia ; mais la conduite de cette Julie n'était pas irréprochable.

● **Le dialogue tragique** — « Je viens au dialogue, qui est le principal moyen du drame, mais aussi le plus clair. Tous nos malheurs, autant qu'ils résultent de nos passions, viennent de ces entretiens où les passions trouvent leur jeu et leur développement [...].L'art tragique compose les discours entre deux et les discours à soi tels qu'ils voudraient être ; ainsi la folie des passions semble réglée par quelque divinité présente » (Alain, *Système des Beaux-Arts*, 1920, V, 2, Pléiade p. 316).
① La composition du dialogue entre Néron et Narcisse illustre cette pensée. Vous le montrerez.

● **L'ordre classique** — Tout sera réglé dans le temps le plus court :
— Vingt vers sur Britannicus, aboutissent à la menace du v. 445 : elle est de Néron, et cependant, c'est Narcisse presque seul qui a parlé.
— Réplique de Narcisse (v. 446-458) : image lumineuse de la gloire de Néron imposant l'amour à Junie.
— Assuré de Junie par Narcisse, Néron doit éliminer Octavie ; du même coup, c'est la fin des *trois ans de vertus* (v. 462), et le combat contre Agrippine qui commence.
② Étudiez la valeur de cette scène au point de vue du progrès de l'action.

NÉRON. — Et ne connais-tu pas l'implacable Agrippine?
Mon amour inquiet déjà se l'imagine
485 Qui m'amène Octavie, et d'un œil enflammé
Atteste les saints droits d'un nœud qu'elle a formé;
Et, portant à mon cœur des atteintes[1] plus rudes,
Me fait un long récit de mes ingratitudes[2].
De quel front soutenir ce fâcheux entretien?

NARCISSE. — 490 N'êtes-vous pas, Seigneur, votre maître et le sien?
Vous verrons-nous toujours trembler sous sa tutelle?
Vivez, régnez pour vous : c'est trop régner pour elle.
Craignez-vous? Mais, Seigneur, vous ne la craignez pas :
Vous venez de bannir le superbe[3] Pallas,
495 Pallas dont vous savez qu'elle soutient l'audace.

NÉRON. — Éloigné de ses yeux, j'ordonne, je menace,
J'écoute vos conseils, j'ose les approuver;
Je m'excite contre elle, et tâche à[4] la braver.
Mais (je t'expose ici mon âme toute nue)
500 Sitôt que mon malheur me ramène à sa vue,
Soit que je n'ose encor démentir[5] le pouvoir
De ces yeux où[6] j'ai lu si longtemps mon devoir,
Soit qu'à tant de bienfaits ma mémoire fidèle
Lui soumette en secret tout ce que je tiens d'elle,
505 Mais enfin mes efforts ne me servent de rien;
Mon génie[7] étonné[8] tremble devant le sien.
Et c'est pour m'affranchir de cette dépendance
Que je la fuis partout, que même je l'offense,
Et que de temps en temps j'irrite ses ennuis
510 Afin qu'elle m'évite autant que je la fuis.
Mais je t'arrête[9] trop. Retire-toi, Narcisse :
Britannicus pourrait t'accuser d'artifice.

NARCISSE. — Non, non, Britannicus s'abandonne à ma foi[10].
Par son ordre, Seigneur, il croit que je vous voi[11]
515 Que je m'informe ici de tout ce qui le touche,
Et veut de vos secrets être instruit par ma bouche.
Impatient surtout de revoir ses amours,
Il attend de mes soins[12] ce fidèle secours.

---

1. Blessures morales. — 2. *Un long récit...* : nous nous souviendrons de ce vers en entendant Agrippine à l'acte IV. — 3. Orgueilleux. — 4. *Tâche à* : construction fréquente au XVIIe siècle. — 5. Contredire, désavouer par mes actes. — 6. Dans lesquels j'ai lu : voir p. 28, n. 1. — 7. Tous les hommes et même tous les autres êtres, animés ou inanimés, avaient leur Génie, protecteur et partageant leur destin : « Ton Génie redoute le sien... », écrit Plutarque dans *la Vie d'Antoine*. — 8. Voir le v. 321. — 9. Je te retiens. — 10. Ma fidélité — 11. Voir le v. 341. — 12. Ma sollicitude.

NÉRON.	— J'y consens, porte-lui cette douce nouvelle :
	520 Il la verra.
NARCISSE.	— Seigneur, bannissez-le loin d'elle.
NÉRON.	— J'ai mes raisons[1], Narcisse; et tu peux concevoir
	Que je lui vendrai cher le plaisir de la voir.
	Cependant[2] vante-lui ton heureux stratagème[3] :
	Dis-lui qu'en sa faveur on me trompe moi-même,
	525 Qu'il la voit sans mon ordre. On ouvre : la voici.
	Va retrouver ton maître, et l'amener ici.

SCÈNE III. — NÉRON, JUNIE.

NÉRON.	— Vous vous troublez, Madame, et changez de visage.
	Lisez-vous dans mes yeux quelque triste présage?
JUNIE.	— Seigneur, je ne vous puis déguiser[4] mon erreur :
	530 J'allais voir Octavie, et non pas l'Empereur.
NÉRON.	— Je le sais bien, Madame, et n'ai pu sans envie
	Apprendre vos bontés pour l'heureuse Octavie.
JUNIE.	— Vous, Seigneur?
NÉRON.	— Pensez-vous, Madame, qu'en ces lieux
	Seule pour vous connaître Octavie ait des yeux?

---

1. Néron médite, s'il ne peut séduire Junie, de faire souffrir Britannicus et, s'il échoue, de la contraindre à écarter elle-même son fiancé. — 2. Pendant ce temps. — 3. Néron prend plaisir aux trahisons de Narcisse. — 4. Voir p. 27, n. 7.

● **Le drame familial** — Le conflit entre Néron et Agrippine a un aspect très simple et universel : la mère veut gouverner l'homme comme elle a gouverné l'enfant; mais l'homme ne veut plus être gouverné. Nous avons entendu, au premier acte, les griefs de la mère impérieuse. La fin de la sc. 2 de l'acte II nous apporte la réponse du fils en voie d'émancipation. Il se montre d'une lucidité et d'une sincérité parfaites non seulement avec Narcisse mais avec lui-même : v. 500-506.
Deux répliques disent tout :
— La mère vue par son fils (v. 483-489) : le spectateur a l'impression d'entendre de nouveau les plaintes enflammées d'Agrippine, tous les mots portent. Mieux : nous ressentons la même impression de lassitude que Néron. Peu s'en faut que nous ne sympathisions avec lui.
— C'est l'autorité d'Agrippine qui explique la haine de Néron. Il n'est brave contre elle que loin d'elle. Ainsi pouvons-nous penser que, jusqu'à un certain point, la lâcheté tortueuse de Néron est le fruit d'une autorité maternelle étouffante. Des vers étonnants (v. 501-504) nous montrent l'aspect fugitif d'un Néron qui serait accessible à la reconnaissance et au sentiment du devoir : c'est une nuance utile, nous la retrouverons.
① Montrez, par une analyse détaillée, comment le style de la réplique de Néron (v. 496-512) traduit fidèlement le mouvement de ses sentiments.

JUNIE.

535 Et quel autre, Seigneur, voulez-vous que j'implore?
A qui demanderai-je un crime que j'ignore?
Vous qui le punissez, vous ne l'ignorez pas.
De grâce, apprenez-moi, Seigneur, mes attentats.

NÉRON.

— Quoi, Madame! Est-ce donc une légère offense
540 De m'avoir si longtemps caché votre présence[1]?
Ces trésors dont le Ciel voulut vous embellir,
Les avez-vous reçus pour les ensevelir?
L'heureux Britannicus verra-t-il sans alarmes
Croître, loin de nos yeux, son amour et vos charmes?
545 Pourquoi, de cette gloire exclus[2] jusqu'à ce jour,
M'avez-vous, sans pitié, relégué dans ma cour?
On dit plus : vous souffrez, sans en être offensée,
Qu'il vous ose, Madame, expliquer[3] sa pensée.
Car je ne croirai point que sans me consulter
550 La sévère Junie ait voulu le flatter[4],
Ni qu'elle ait consenti d'aimer et d'[5]être aimée
Sans que j'en sois instruit que[6] par la renommée.

JUNIE.

— Je ne vous nîrai[7] point, Seigneur, que ses soupirs
M'ont daigné quelquefois expliquer ses désirs.
555 Il n'a point détourné ses regards d'une fille
Seul reste du débris[8] d'une illustre famille.
Peut-être il se souvient qu'en un temps plus heureux
Son père me nomma pour l'objet de ses vœux[9].
Il m'aime; il obéit à l'Empereur son père,
560 Et j'ose dire encore à vous, à votre mère.
Vos désirs sont toujours si conformes aux siens...

NÉRON.

— Ma mère a ses desseins, Madame, et j'ai les miens.
Ne parlons plus ici de Claude et d'Agrippine :
Ce n'est point par leur choix que je me détermine.
565 C'est à moi seul, Madame, à répondre de vous;
Et je veux de ma main vous choisir un époux.

JUNIE.

— Ah! Seigneur, songez-vous que toute autre alliance
Fera honte aux Césars auteurs de ma naissance?

NÉRON.

— Non, Madame, l'époux dont je vous entretiens
570 Peut sans honte assembler vos aïeux et les siens :
Vous pouvez, sans rougir, consentir à sa flamme[10].

---

1. Présence : « Vue qu'on a d'une personne ou de quelque chose d'autre » (*Dict. de Richelet*, 1680). — 2. Orthographe réglementaire au XVII⁰ siècle (fém. : *excluse*); sur le participe ne se rapportant pas au sujet, voir le v. 46. — 3. *Expliquer* : «donner à connaître» (*Dict. de l'Acad.*, 1694), développer. — 4. Le flatter de l'espoir fallacieux d'un mariage. — 5. Consenti à; construction habituelle au XVII⁰ siècle. — 6. Autrement que. — 7. Voir le v. 243. — 8. De l'écoulement, de la ruine. — 9. L'objet de l'amour de Britannicus. — 10. Langue précieuse : à son amour.

JUNIE.	— Et quel est donc, Seigneur, cet époux?
NÉRON.	— Moi, Madame.
JUNIE.	— Vous?
NÉRON.	— Je vous nommerais, Madame, un autre nom,

Si j'en savais quelque autre au-dessus de Néron.
575 Oui, pour vous faire un choix où[1] vous puissiez sous-
[crire,
J'ai parcouru des yeux la cour, Rome et l'Empire,
Plus j'ai cherché, Madame, et plus je cherche encor
En quelles mains je dois confier ce trésor,
Plus je vois que César, digne seul de vous plaire,
580 En doit être lui seul l'heureux dépositaire,
Et ne peut dignement vous confier qu'aux mains
A qui Rome a commis[2] l'empire des humains.
Vous-même, consultez[3] vos premières années.
Claudius à son fils les avait destinées;
585 Mais c'était en un temps où de l'Empire entier
Il croyait quelque jour le nommer l'héritier.
Les Dieux ont prononcé. Loin de leur contredire[4],
C'est à vous de passer du côté de l'Empire.
En vain de ce présent ils m'auraient honoré,
590 Si votre cœur devait en être séparé;
Si tant de soins[5] ne sont adoucis par vos charmes;
Si, tandis que je donne aux veilles, aux alarmes,
Des jours toujours à plaindre et toujours enviés,
Je ne vais quelquefois respirer à vos pieds.

---

1. Auquel : voir p. 28, n. 1. — 2. Remis, confié. — 3. « Consulter : examiner; régit aussi l'accusatif de la chose sur quoi on prend conseil » (*Dict. de l'Acad.*, 1694). — 4. Au XVIIe siècle, *contredire* se construit soit avec un complément indirect soit avec un complément direct. — 5. Préoccupations, soucis.

- **Le madrigal de Néron** (v. 539-546) flatte le goût des spectateurs pour l'expression galante et précieuse du sentiment. Mais il est à sa place dans la bouche de Néron, subtil lettré qui veut conquérir Junie. Le compliment n'est pas gratuit : le nom de *Britannicus* (v. 543) y résonne déjà comme un soupçon ou une menace. Le mouvement, tout entier en interrogations (il y en a quatre), aboutit à une image finale qui, pour être précieuse, n'en est pas moins passionnée, et introduit la réprimande.

- **La rhétorique de Néron** — C'est une vraie plaidoirie qu'il prononce aux v. 573-602. Argument juridique : Junie fut promise au futur empereur et *les Dieux ont prononcé* (v. 587); le ton est grave et officieux. — Argument sentimental : Néron a besoin de Junie, il veut être consolé; le ton est mélancolique et fier. — Liquidation de l'obstacle Octavie : *Rome* (v. 596) et *le Ciel* (v. 598) l'exigent. — La péroraison (v. 599-602) est enjôleuse : Néron a bien joué tous ses rôles.

⁵⁹⁵ Qu'Octavie à vos yeux ne fasse point d'ombrage :
Rome, aussi bien que moi, vous donne son suffrage,
Répudie Octavie, et me fait dénouer
Un hymen que le Ciel ne veut point avouer[1].
Songez-y donc, Madame, et pesez en vous-même
⁶⁰⁰ Ce choix digne des soins[2] d'un prince qui vous aime,
Digne de vos beaux yeux trop longtemps captivés[3],
Digne de l'univers à qui vous vous devez.

JUNIE.
— Seigneur, avec raison je demeure étonnée[4].
Je me vois, dans le cours d'une même journée,
⁶⁰⁵ Comme une criminelle amenée en ces lieux;
Et lorsqu'avec frayeur je parais à vos yeux,
Que sur mon innocence à peine je me fie[5],
Vous m'offrez tout d'un coup[6] la place d'Octavie.
J'ose dire pourtant que je n'ai mérité
⁶¹⁰ Ni cet excès d'honneur, ni cette indignité[7].
Et pouvez-vous, Seigneur, souhaiter qu'une fille
Qui vit presque en naissant éteindre[8] sa famille,
Qui, dans l'obscurité nourrissant sa douleur,
S'est fait une vertu conforme à son malheur,
⁶¹⁵ Passe subitement de cette nuit profonde
Dans un rang qui l'expose aux yeux de tout le monde,
Dont je n'ai pu de loin soutenir la clarté,
Et dont une autre enfin remplit la majesté?

NÉRON.
— Je vous ai déjà dit que je la répudie[9].
⁶²⁰ Ayez moins de frayeur, ou moins de modestie.
N'accusez point ici mon choix d'aveuglement;
Je vous réponds de vous[10] : consentez seulement.
Du sang dont vous sortez rappelez la mémoire;
Et ne préférez point à la solide gloire
⁶²⁵ Des honneurs dont César prétend vous revêtir,
La gloire d'un refus, sujet au repentir.

JUNIE.
— Le Ciel connaît, Seigneur, le fond de ma pensée.
Je ne me flatte point d'une gloire insensée :
Je sais de vos présents mesurer la grandeur;
⁶³⁰ Mais plus ce rang sur moi répandrait de splendeur,

---

1. Approuver, ratifier (en donnant un enfant à Octavie). — 2. De la sollicitude amoureuse. — 3. Maintenus en captivité, c'est-à-dire loin des regards du monde. — 4. Voir le v. 321. — 5. Se fier sur : appuyer ma confiance sur. — 6. Tout à coup. — 7. L'*excès d'honneur*, c'est la demande en mariage; l'*indignité*, c'est l'enlèvement. — 8. S'éteindre : l'usage classique supprime souvent le réfléchi devant l'infinitif d'un verbe pronominal précédé d'un autre verbe. — 9. Noter la brutalité de Néron. — 10. Réponse au vers 616 : Je vous garantis que vous serez digne de votre rang d'impératrice.

Plus il me ferait honte, et mettrait en lumière
Le crime d'en avoir dépouillé l'héritière[1].

NÉRON. — C'est de ses intérêts prendre beaucoup de soin,
Madame; et l'amitié ne peut aller plus loin.
635 Mais ne nous flattons[2] point et laissons le mystère[3].
La sœur vous touche ici beaucoup moins que le frère;
Et pour Britannicus...

JUNIE. — Il a su me toucher,
Seigneur; et je n'ai point prétendu m'en cacher.
Cette sincérité sans doute est peu discrète;
640 Mais toujours de mon cœur ma bouche est l'interprète.
Absente de la cour, je n'ai pas dû penser,
Seigneur, qu'en l'art de feindre il fallût m'exercer.
J'aime Britannicus. Je lui fus destinée
Quand l'Empire devait suivre son hyménée[4].
645 Mais ces mêmes malheurs qui l'en ont écarté,
Ses honneurs abolis, son palais déserté[5],
La fuite d'une cour que sa chute a bannie,
Sont autant de liens qui retiennent Junie.
Tout ce que vous voyez conspire à vos désirs[6];
650 Vos jours toujours sereins coulent dans les plaisirs.
L'Empire en est pour vous l'inépuisable source;
Ou si quelque chagrin en interrompt la course[7],
Tout l'univers, soigneux de les entretenir,
S'empresse à l'effacer de votre souvenir.

---

1. La propriétaire légitime, c'est-à-dire Octavie. — 2. Flatter « signifie aussi tromper en déguisant la vérité ou par faiblesse, ou par une mauvaise crainte de déplaire » (*Dict. de l'Acad.*, 1694). — 3. Les tromperies: parlons franc. — 4. Son mariage avec moi. — 5. La destruction de ses honneurs, l'abandon de son palais: tour imité du latin. — 6. Concourt à l'accomplissement de vos désirs. — 7. Le cours.

■■■

● **Les trois répliques de Junie : le ton et l'ordre**
— Première réplique. Ironie révérencieuse (v. 603-610) qui éclaire les contradictions et aboutit à un reproche : *indignité*. Pathétique sobre (v. 611-618), fondé sur un contraste : *obscurité* (v. 613) — *clarté* (v. 617). Junie évoque son éloignement du monde et, par la suggestion de mots très généraux (*éteindre, obscurité, douleur, malheur, nuit profonde*), crée une ombre désolée.
— Deuxième réplique. Fierté et véhémence : Junie se redresse face à la sécheresse menaçante de Néron. Ordre parfait : trois vers pour reconnaître la grandeur de l'offre, trois pour la refuser.
— Troisième réplique. Néron a posé la question sans détours : *Britannicus...* Junie fait face. Double exigence : être sincère; ne pas mettre en danger son amant. Sur le premier point, elle n'admet pas d'hésitation, mais elle fait effort pour toucher Néron.

■■■

655 Britannicus est seul. Quelque ennui qui le presse[1],
Il ne voit dans son sort que moi qui s'intéresse[2],
Et n'a pour tous plaisirs, Seigneur, que quelques
[pleurs
Qui lui font quelquefois oublier ses malheurs.

NÉRON. — Et ce sont ces plaisirs et ces pleurs que j'envie,
660 Que tout autre que lui me paîrait[3] de sa vie,
Mais je garde à ce prince un traitement plus doux.
Madame, il va bientôt paraître devant vous.

JUNIE. — Ah! Seigneur, vos vertus m'ont toujours rassurée.

NÉRON. — Je pouvais[4] de ces lieux lui défendre l'entrée;
665 Mais, Madame, je veux prévenir le danger
Où[5] son ressentiment le pourrait engager.
Je ne veux point le perdre. Il vaut mieux que lui-même
Entende son arrêt de la bouche qu'il aime.
Si ses jours vous sont chers, éloignez-le de vous
670 Sans qu'il ait aucun lieu de me croire jaloux.
De son bannissement prenez sur vous l'offense;
Et, soit par vos discours, soit par votre silence,
Du moins par vos froideurs, faites-lui concevoir
Qu'il doit porter ailleurs ses vœux et son espoir.

JUNIE. —675 Moi! Que je lui prononce un arrêt si sévère!
Ma bouche mille fois lui jura le contraire.
Quand même jusque-là je pourrais me trahir[6],
Mes yeux lui défendront, Seigneur, de m'obéir.

NÉRON. — Caché près de ces lieux, je vous verrai, Madame.
680 Renfermez votre amour dans le fond de votre âme.
Vous n'aurez point pour moi de langages[7] secrets :
J'entendrai des regards que vous croirez muets;
Et sa perte sera l'infaillible salaire
D'un geste ou d'un soupir échappé pour lui plaire.

JUNIE. —685 Hélas! si j'ose encor former quelques souhaits,
Seigneur, permettez-moi de ne le voir jamais!

Scène IV. — NÉRON, JUNIE, NARCISSE.

NARCISSE. — Britannicus, Seigneur, demande la Princesse :
Il approche.

---

1. Tourment insupportable qui l'accable. — 2. Il ne voit personne (sous-entendu), autre
que moi, qui s'intéresse à son sort. — 3. Voir le v. 243. — 4. J'aurais pu : voir le v. 61.
— 5. Dans lequel : voir p. 28, n. 1. — 6. Trahir mes vrais sentiments. — 7. Toutes les
manières possibles d'exprimer les sentiments.

NÉRON.	—	Qu'il vienne.
JUNIE.	—	Ah ! Seigneur.
NÉRON.	—	Je vous laisse.

Sa fortune[1] dépend de vous plus que de moi.
690 Madame, en le voyant, songez que je vous voi[2].

SCÈNE V. — JUNIE, NARCISSE.

JUNIE. — Ah ! cher Narcisse[3], cours au devant de ton maître ;
Dis-lui... Je suis perdue, et je le vois paraître.

SCÈNE VI. — JUNIE, BRITANNICUS, NARCISSE.

BRITANNICUS. — Madame, quel bonheur me rapproche de vous ?
Quoi ! je puis donc jouir d'un entretien si doux ?
695 Mais parmi[4] ce plaisir quel chagrin me dévore !
Hélas ! puis-je espérer de vous revoir encore ?
Faut-il que je dérobe, avec mille détours[5],
Un bonheur que vos yeux m'accordaient tous les jours ?
Quelle nuit ! Quel réveil ! Vos pleurs, votre présence[6]
700 N'ont point de ces cruels désarmé l'insolence ?
Que faisait votre amant ? Quel démon[7] envieux
M'a refusé l'honneur de mourir à vos yeux ?
Hélas ! dans la frayeur dont vous étiez atteinte,
M'avez-vous en secret adressé quelque plainte ?
705 Ma Princesse, avez-vous daigné me souhaiter ?
Songiez-vous aux douleurs que vous m'alliez coûter[8] ?
Vous ne me dites rien ? Quel accueil ! Quelle glace ![9]
Est-ce ainsi que vos yeux consolent ma disgrâce ?

---

1. Son sort. — 2. Voir le v. 341. — 3. Observer l'ironie tragique. — 4. Au milieu de ; *parmi* peut s'employer, au XVIIe siècle, avec un singulier. — 5. Adresse, subtilité pour éluder un péril, ou venir à bout de ce qu'on veut faire. — 6. Voir le v. 540. — 7. Génie, divinité. — 8. Que vous alliez me coûter : voir p. 27, n. 7. — 9. Accueil glacial ; la rime avec *disgrâce* est médiocre mais tous nos classiques font parfois ainsi rimer une longue avec une brève.

● **Le stratagème de Néron** a été critiqué : « C'est une puérilité de se cacher derrière une tapisserie... » (Voltaire). On pourrait penser que la ruse de Néron n'a en effet sa place que dans une comédie : Arnolphe se cache pour épier Agnès ; Orgon se cache sous une table pour épier Tartuffe. Mais Racine peut, comme l'a montré Brunetière, utiliser « les moyens ordinaires de la comédie » ; il les rend tragiques. L'ignorance de soi est un ressort à la fois du tragique et du comique (selon l'importance des personnages et la situation), et l'ignorance d'un péril mortel où nous engage notre propre action est un cas de cette ignorance de soi.

Parlez. Nous sommes seuls : notre ennemi trompé,
710 Tandis que je vous parle, est ailleurs occupé[1].
Ménageons[2] les moments de cette heureuse absence.

JUNIE.   — Vous êtes en des lieux tout pleins de sa puissance.
Ces murs même, Seigneur, peuvent avoir des yeux[3];
Et jamais l'Empereur n'est absent de ces lieux.

BRITANNICUS. —715 Et depuis quand, Madame, êtes-vous si craintive?
Quoi! déjà votre amour souffre qu'on le captive[4]?
Qu'est devenu ce cœur qui me jurait toujours
De faire à Néron même envier nos amours?
Mais bannissez, Madame, une inutile crainte.
720 La foi[5] dans tous les cœurs n'est pas encore éteinte;
Chacun semble des yeux approuver mon courroux;
La mère de Néron se déclare pour nous.
Rome, de sa conduite elle-même offensée...

JUNIE.   — Ah! Seigneur[6], vous parlez contre votre pensée.
725 Vous-même, vous m'avez avoué mille fois
Que Rome le louait d'une commune voix;
Toujours à sa vertu vous rendiez quelque hommage.
Sans doute la douleur vous dicte ce langage.

BRITANNICUS. — Ce discours[7] me surprend, il le faut avouer.
730 Je ne vous cherchais pas pour l'entendre louer.
Quoi! pour vous confier la douleur qui m'accable,
A peine[8] je dérobe un moment favorable,
Et ce moment si cher, Madame, est consumé
A louer l'ennemi dont[9] je suis opprimé;
735 Qui vous rend à vous-même, en un jour, si contraire[10]?
Quoi! même vos regards ont appris à se taire?
Que vois-je? Vous craignez de rencontrer mes yeux?
Néron vous plairait-il? vous serais-je odieux?
Ah! si je le croyais... Au nom des Dieux, Madame,
740 Éclaircissez le trouble[11] où vous jetez mon âme.
Parlez. Ne suis-je plus dans votre souvenir?

JUNIE.   — Retirez-vous, Seigneur, l'Empereur va venir.

BRITANNICUS. — Après ce coup, Narcisse, à qui dois-je m'attendre[12]?

---

1. Narcisse a exécuté l'ordre que lui a donné Néron à la fin de la scène 2 (v. 523-525). — 2. « Ménager : employer avec fruit » (*Dict. de l'Acad.*, 1694). — 3. Noter l'effort désespéré pour mettre en garde Britannicus. — 4. Qu'on le maintienne captif. — 5. La fidélité, le loyalisme. — 6. Épouvantée, Junie coupe la parole à Britannicus. — 7. Ce propos : voir le v. 267. — 8. Avec peine. — 9. Par lequel. — 10. Si différente de ce que vous étiez. — 11. Mettez fin, par une explication, au trouble. — 12. A qui dois-je me fier? « S'attendre à quelqu'un se dit pour exprimer que l'on s'y fie, que l'on s'en tient presqu'assuré » (*Dict. de l'Acad.*, 1694).

SCÈNE VII. — NÉRON, JUNIE, NARCISSE.

NÉRON. — Madame...

JUNIE. — Non, Seigneur, je ne puis rien entendre.
745 Vous êtes obéi. Laissez couler du moins
Des larmes dont ses yeux ne seront pas témoins.

SCÈNE VIII. — NÉRON, NARCISSE.

NÉRON. — Hé bien! de leur amour tu vois la violence,
Narcisse; elle a paru jusque dans son silence.
Elle aime mon rival, je ne puis l'ignorer;
750 Mais je mettrai ma joie à le désespérer.
Je me fais de sa peine une image charmante[1],
Et je l'ai vu douter du cœur de son amante.
Je la suis. Mon rival t'attend pour éclater.
Par de nouveaux soupçons, va, cours le tourmenter[2];
755 Et tandis qu'à mes yeux on le pleure[3], on l'adore,
Fais-lui payer bien cher un bonheur qu'il ignore.

NARCISSE *(seul)*. — La fortune t'appelle une seconde fois[4],
Narcisse : voudrais-tu résister à sa voix?
Suivons jusques au bout ses ordres favorables;
760 Et pour nous rendre heureux, perdons les misérables[5].

---

1. Le mot a un sens très fort et implique une idée de fascination. — 2. Sens fort : mettre à la torture. — 3. On pleure à cause de lui. — 4. Narcisse avait eu un premier grand succès, après la mort de Messaline. — 5. Les malheureux.

- **La préciosité** — « ...n'était l'adorable vers racinien, nous souffririons mal tant de fadeur... », écrit F. Mauriac (*Racine*, 1928, p. 72). Ce n'est qu'une ombre au tableau : la jeunesse et la sincérité de Britannicus, sa véhémence si bien marquée par le mouvement des interrogations et des exclamations suffiraient à nous faire accepter ce style.

- **Le tragique** — Le spectateur n'entend que ce qu'entend Néron. Ce flot de « tendresses » est, pour lui, la confirmation de l'amour réciproque et violent des deux jeunes gens : première raison de haine. Deuxième raison : le mot *ennemi* appliqué deux fois (v. 709 et 734) à Néron par Britannicus. Troisième raison : la nouvelle évocation du complot Britannicus — Agrippine (v. 722) : l'action vient de faire un progrès vers la catastrophe.

  ① Recherchez, du v. 693 au v. 707, les antithèses précieuses, les tours galants, les expressions mièvres, et classez-les.

Bibliothèque Nationale, Paris.
Ph. © Giraudon - Arch. Photb.

Ph. © Bernand - Photb.

Néron et Junie
illustrés par
Denis Antoine Chaudet
(1763-1810) ou
interprétés par
Robert Hirsch et
Danièle Ajoret à la
Comédie-Française
(1961)

NÉRON
ET
AGRIPPINE

Néron et Agrippine
gravés par
Moreau le Jeune
(1741-1814).
Les mêmes interprétés
par Patrice Kerbrat
et Annie Ducaux
au Grand Trianon en
1978

ACTE III

Scène première. — NÉRON, BURRHUS.

BURRHUS. — Pallas obéira, Seigneur.

NÉRON. —
        Et de quel œil
Ma mère a-t-elle vu confondre son orgueil?

BURRHUS. — Ne doutez point, Seigneur, que ce coup ne la frappe,
Qu'en reproches bientôt sa douleur ne s'échappe[1].
765 Ses transports dès[2] longtemps commencent d'éclater[3].
A d'inutiles cris puissent-ils s'arrêter!

NÉRON. — Quoi? de quelque dessein la croyez-vous capable?

BURRHUS. — Agrippine, Seigneur, est toujours redoutable.
Rome et tous vos soldats révèrent ses aïeux;
770 Germanicus son père est présent à leurs yeux.
Elle sait son pouvoir; vous savez son courage;
Et ce qui me la fait redouter davantage,
C'est que vous appuyez[4] vous-même son courroux,
Et que vous lui donnez des armes contre vous.

NÉRON. — 775 Moi, Burrhus?

BURRHUS. —
       Cet amour, Seigneur qui vous possède...

NÉRON. — Je vous entends[5], Burrhus : le mal est sans remède.
Mon cœur s'en est plus dit que vous ne m'en direz.
Il faut que j'aime enfin[6].

BURRHUS. —
         Vous vous le figurez,
Seigneur; et satisfait de quelque résistance[7],
780 Vous redoutez un mal faible dans sa naissance.
Mais si dans son devoir votre cœur affermi
Voulait ne point s'entendre avec son ennemi[8];
Si de vos premiers ans vous consultiez[9] la gloire;
Si vous daigniez, Seigneur, rappeler la mémoire
785 Des vertus d'Octavie, indignes[10] de ce prix,
Et de son chaste amour vainqueur de vos mépris[11];
Surtout si de Junie évitant la présence,

---

1. Se donne libre cours; s'échapper : « s'emporter inconsidérément à dire ou à faire quelque chose contre la raison ou les bienséances » (*Dict. de l'Acad.*, 1694). — 2. Depuis. — 3. *Commencer de* et *commencer à* s'employaient également au XVIIᵉ siècle. — 4. Favorisez. — 5. Je comprends ce que vous voulez dire. — 6. Malgré tout, en dépit de moi-même et des autres; le rapprochement avec *il faut* souligne la force du sentiment. — 7. Vous contentant d'avoir tenté quelque résistance. — 8. Son amour pour Junie : style précieux. — 9. Voir le v. 583. — 10. Qui ne méritent pas d'être si mal payées. — 11. Non qu'elle se soit fait aimer de Néron, mais elle ne s'est pas laissé décourager par les mépris.

Vous condamniez vos yeux à quelques jours d'absence :
Croyez-moi, quelque amour qui semble vous charmer[1],
790 On n'aime point, Seigneur, si l'on ne veut aimer[2].

NÉRON.   — Je vous croirai, Burrhus, lorsque dans les alarmes
Il faudra soutenir la gloire de nos armes,
Ou lorsque plus tranquille, assis[3] dans le sénat,
Il faudra décider du destin de l'État :
795 Je m'en reposerai sur votre expérience.
Mais, croyez-moi, l'amour est une autre science,
Burrhus; et je ferais quelque difficulté
D'abaisser jusque-là votre sévérité[4].
Adieu. Je souffre trop, éloigné de Junie.

SCÈNE II. — BURRHUS, *seul.*

BURRHUS.   800 Enfin, Burrhus, Néron découvre son génie[5].
Cette férocité[6] que tu croyais fléchir
De tes faibles liens est prête à s'affranchir.

---

1. Fasciner, ensorceler. — 2. Souvenir possible (selon P. Mesnard) de l'*Octavie* où Sénèque combat l'amour de Néron pour Poppée. — 3. *Assis* se rapporte à Néron : voir le v. 46. — 4. Austérité. — 5. Ses dispositions naturelles : du latin *ingenium*. — 6. Naturel farouche.

▪▪▪

- **L'action** — L'exil de Pallas risque de provoquer la révolte d'Agrippine; Burrhus n'a pu détourner Néron de Junie : le danger croît.

- **Les personnages** — BURRHUS. — « Burrhus fait ici [v. 778-790] de la psychologie à la mode de Corneille et de Descartes : il exprime l'idée qui leur est commune, que la volonté peut se soumettre les passions [...]. Les remèdes qu'indique Burrhus contre l'amour sont tout à fait de l'espèce de ces biais que Descartes conseille de prendre pour combattre indirectement, contenir et épuiser la passion qui naît indépendamment de notre volonté... » (Lanson). ① Discutez cette opinion.
— Le constat de la faiblesse de Néron (v. 779-780) est suivi par une période de dix vers, d'une architecture parfaite : quatre subordonnées dont les deux premières se rapportent à Néron (sa volonté, sa gloire) et dont les deux suivantes se rapportent aux deux victimes (Octavie, Junie); le *surtout si* (v. 787) de la dernière préparant la chute de la période, et la chute elle-même se condensant en une formule qui résume toute la pensée de Burrhus : le v. 790.
NÉRON. — Observez son esprit : moquerie légère et vive à l'égard de la théorie de Burrhus (v. 791-795); l'harmonie du sentiment et de l'expression : fermeté majestueuse des cinq premiers vers (Burrhus à l'armée et au sénat), souplesse familière et ironique (*croyez-moi*) de la suite; étudiez le rejet : *Burrhus* (v. 797). Le dernier vers est d'un amant très épris.

▪▪▪

En quels excès peut-être elle va se répandre !
O Dieux ! en ce malheur quel conseil[1] dois-je prendre ?
805 Sénèque, dont les soins me devraient soulager,
Occupé loin de Rome[2], ignore ce danger.
Mais quoi ? si d'Agrippine excitant la tendresse,
Je pouvais... La voici : mon bonheur me l'adresse.

SCÈNE III. — AGRIPPINE, BURRHUS, ALBINE.

AGRIPPINE. — Hé bien ! je me trompais, Burrhus, dans mes soupçons[3] ?
810 Et vous vous signalez par d'illustres leçons !
On[4] exile Pallas, dont le crime peut-être
Est d'avoir à l'Empire élevé votre maître.
Vous le savez trop bien : jamais sans ses avis,
Claude, qu'il gouvernait, n'eût adopté mon fils[5].
815 Que dis-je ? A son épouse on[4] donne une rivale ;
On[4] affranchit Néron de la foi conjugale ;
Digne emploi d'un ministre[4], ennemi des flatteurs,
Choisi pour mettre un frein à ses jeunes ardeurs,
De les flatter lui-même, et nourrir[6] dans son âme
820 Le mépris de sa mère et l'oubli de sa femme !

BURRHUS. — Madame, jusqu'ici c'est trop tôt m'accuser.
L'Empereur n'a rien fait qu'on ne puisse excuser[7].
N'imputez qu'à Pallas un exil nécessaire :
Son orgueil dès[8] longtemps exigeait ce salaire[9] ;
825 Et l'Empereur ne fait qu'accomplir à regret
Ce que toute la cour demandait en secret.
Le reste[10] est un malheur qui n'est point sans ressource :
Des larmes d'Octavie ou peut tarir la source.
Mais calmez vos transports[11]. Par un chemin plus doux,
830 Vous lui pourrez plutôt ramener son époux :
Les menaces, les cris le rendront plus farouche.

AGRIPPINE. — Ah ! l'on s'efforce en vain de me fermer la bouche.
Je vois que mon silence irrite[12] vos dédains ;
Et c'est trop respecter l'ouvrage de mes mains[13].

---

1. Quelle décision. — 2. Racine a écarté volontairement Sénèque : la solitude de Burrhus sert la concentration tragique. — 3. Voir acte I, sc. 2 (v. 157-158). — 4. *On...* Ce pronom et le nom *ministre* au v. 817 désignent Burrhus : Agrippine croit que tout a été fait à l'instigation de Burrhus. — 5. Voir Tacite, XII, 25. « L'adoption de Domitius est hâtée par le crédit de Pallas, attaché à Agrippine par son mariage dont il avait été le négociateur, puis lié à elle par un commerce criminel. » — 6. Et de nourrir. — 7. Burrhus le croit-il ? Sinon, pourquoi parle-t-il ainsi ? — 8. Depuis. — 9. Le châtiment que méritait son orgueil. — 10. L'enlèvement de Junie. — 11. Les élans de votre colère : transports « se dit du trouble ou de l'agitation de l'âme » (*Dict.* de Furetière, 1690). — 12. Rend plus vifs et plus violents ; voir le v. 89. — 13. C'est Agrippine qui a fait Néron empereur et Burrhus ministre : voir l'acte I, sc. 2 (v. 45).

835 Pallas n'emporte pas tout l'appui[1] d'Agrippine :
Le Ciel m'en laisse assez pour venger ma ruine.
Le fils de Claudius commence à ressentir[2]
Des crimes dont je n'ai que le seul[3] repentir.
J'irai, n'en doutez point, le montrer à l'armée,
840 Plaindre aux yeux des soldats son enfance opprimée,
Leur faire, à mon exemple, expier leur erreur.
On verra d'un côté le fils d'un empereur
Redemandant la foi[4] jurée à sa famille,
Et de Germanicus on entendra la fille;
845 De l'autre, l'on verra le fils d'Énobarbus,
Appuyé de Sénèque et du tribun Burrhus,
Qui tous deux de l'exil rappelés par moi-même,
Partagent à mes yeux l'autorité suprême.
De nos crimes communs je veux qu'on soit instruit :
850 On saura les chemins par où je l'ai conduit.
Pour rendre sa puissance et la vôtre odieuses,
J'avoûrai[5] les rumeurs les plus injurieuses :
Je confesserai tout, exils, assassinats,
Poison même...

---

1. Tout ce qui peut soutenir; donc le crédit, la puissance. — 2. Éprouver du ressentiment pour. — 3. Dont j'ai seulement (sans profit) le repentir. — 4. La fidélité. — 5. Voir le v. 243.

■■

● **L'imitation classique** — Tacite (*Annales*, XIII, 14) nous décrit ainsi l'attitude d'Agrippine après l'exil de Pallas : « Alors, Agrippine, emportée par la colère, a recours à l'épouvante et à la menace ; et, sans épargner les oreilles du Prince, elle proclame « Que Britannicus n'est plus un enfant; que c'est le véritable et digne rejeton de Claude, capable de prendre en mains, après son père, l'Empire, qu'un intrus et un adopté n'occupait que pour outrager sa mère. Elle ne refuse pas de voir mettre au grand jour tous les malheurs d'une maison infortunée, à commencer par son mariage et le poison. Sa seule consolation était que, grâce à la providence des dieux et à sa prévoyance, son beau-fils vivait encore : elle irait avec lui dans le camp; on entendrait, d'un côté, la fille de Germanicus, et, de l'autre, l'estropié Burrhus et l'exilé Sénèque, venant, l'un avec son bras mutilé, l'autre avec sa voix de rhéteur, solliciter l'Empire de l'univers ». En même temps, elle tendait les mains, accumulait les invectives, en appelait à la divinité de Claude, aux mânes infernaux de Silanus, à tant de forfaits inutilement commis... ».

① Étudiez les procédés oratoires utilisés par Racine.

② Vous classerez méthodiquement les ressemblances et les différences entre le texte de Tacite et celui de Racine.

■■

BURRHUS. — Madame, ils[1] ne vous croiront pas.
855 Ils sauront récuser[2] l'injuste stratagème
D'un témoin irrité qui s'accuse lui-même.
Pour moi, qui le premier secondai vos desseins[3],
Qui fis même jurer l'armée entre ses mains,
Je ne me repens point de ce zèle sincère.
860 Madame, c'est un fils qui succède à son père.
En adoptant Néron, Claudius par son choix
De son fils et du vôtre a confondu[4] les droits.
Rome l'a pu choisir. Ainsi, sans être injuste,
Elle choisit Tibère adopté par Auguste;
865 Et le jeune Agrippa[5], de son sang descendu,
Se vit exclus du rang vainement prétendu[6].
Sur tant de fondements sa puissance établie
Par vous-même aujourd'hui ne peut être affaiblie
Et s'il m'écoute encor, Madame, sa bonté
870 Vous en fera bientôt perdre la volonté.
J'ai commencé, je vais poursuivre mon ouvrage.

SCÈNE IV. — AGRIPPINE, ALBINE.

ALBINE. — Dans quel emportement la douleur[7] vous engage,
Madame! L'Empereur puisse-t-il l'ignorer!

AGRIPPINE. — Ah! lui-même à mes yeux puisse-t-il se montrer!

ALBINE. —875 Madame, au nom des Dieux, cachez votre colère.
Quoi? pour les intérêts de la sœur ou du frère,
Faut-il sacrifier le repos de vos jours?
Contraindrez-vous[8] César jusque dans ses amours?

AGRIPPINE. — Quoi! tu ne vois donc pas jusqu'où l'on me ravale[9],
880 Albine? C'est à moi qu'on donne une rivale[10].
Bientôt, si je ne romps ce funeste lien,
Ma place est occupée, et je ne suis plus rien.
Jusqu'ici d'un vain titre Octavie honorée,
Inutile à la cour, en était ignorée.
885 Les grâces, les honneurs par moi seule versés[11]
M'attiraient des mortels[12] les vœux intéressés.

1. Le peuple, les soldats. — 2. Expression heureuse; cf. l'expression « récuser un témoignage ». — 3. L'explication détaillée sera donnée par Agrippine dans l'acte IV. — 4. Égalisé. — 5. Petit-fils d'Auguste, exilé à la demande de Livie, et plus tard, exécuté sur l'ordre de Tibère. — 6. Emploi actif : ambitionné, revendiqué. — 7. Colère douloureuse : sens fréquent du latin *dolor*. — 8. Imposerez-vous une contrainte à... — 9. On me fait déchoir, on m'humilie. — 10. Voir ce qui concerne Acté p. 17 : Agrippine, avec toute l'aigreur d'une femme, se plaint qu'on lui donne une affranchie pour rivale. — 11. Libéralement répandus. — 12. Agrippine se sentait presque une déesse.

Une autre de César a surpris[1] la tendresse :
Elle aura le pouvoir d'épouse et de maîtresse.
Le fruit de tant de soins[2], la pompe des Césars,
890 Tout deviendra le prix d'un seul de ses regards.
Que dis-je ? L'on m'évite, et déjà délaissée...
Ah ! je ne puis, Albine, en souffrir la pensée.
Quand je devrais du Ciel hâter l'arrêt fatal[3],
Néron, l'ingrat Néron... Mais voici son rival.

Scène V. — BRITANNICUS, AGRIPPINE, NARCISSE, ALBINE.

BRITANNICUS.-895 Nos ennemis communs ne sont pas invincibles,
Madame : nos malheurs trouvent des cœurs sensibles.
Vos amis et les miens, jusqu'alors si secrets[4],
Tandis que nous perdions le temps en vains regrets,
Animés du courroux qu'allume l'injustice,
900 Viennent de confier leur douleur à Narcisse.

---

1. S'est emparée à l'improviste ; surprendre : « obtenir frauduleusement, par artifice » (*Dict. de l'Acad.*, 1694) ; il y a ici une pointe contre Junie. — 2. Soucis. — 3. L'arrêt de sa mort (bien plutôt que celui de la mort de Néron). Cette fin, bien des années auparavant, elle en avait méprisé l'annonce. Un jour qu'elle consultait sur les destins de Néron, les Chaldéens lui répondirent qu'il régnerait et qu'il tuerait sa mère : « Qu'il me tue, dit-elle, pourvu qu'il règne ». — 4. Si réservés (dans l'expression de leur amitié).

● **La justification de Burrhus** — Lucien Dubech (*op. cit.*) estime Burrhus plus honnête que subtil. Il faut le comprendre ainsi pour admettre sa réplique (v. 854-871) ; sinon, ses arguments pécheraient par la base. Il a contribué à faire de Néron un empereur, alors qu'il ne pouvait ignorer les manœuvres antérieures d'Agrippine (sans connaître évidemment les forfaits dont elle s'accuse maintenant). Mais la première loi de la vertu de Burrhus est le respect du pouvoir impérial ; Néron adopté était l'égal de Britannicus, par la volonté de Claude (v. 860-862) ; il pouvait donc être empereur et le spectateur admettra que Burrhus ait pu préférer son élève à Britannicus ou régler son choix sur celui de l'impératrice.
— Mais sa justification est aussi un avertissement subtilement glissé à Agrippine : elle a tort d'estimer que le pouvoir de Néron est l'œuvre d'une mère (v. 867-868).

● **La jalousie d'Agrippine** — Agrippine est jalouse de la femme qu'aime son fils : trait bien connu, qui pourrait faire le sujet d'une comédie. Mais est-ce Junie qu'Agrippine jalouse, ou le pouvoir et les honneurs que représente l'affection de Néron ?
— Agrippine est en proie à des images obsédantes : quand elles deviennent trop fortes, le style se précipite, (v. 890-894).
① Montrez, d'après ces remarques, qu'Agrippine et Burrhus ne peuvent pas se comprendre et soulignez l'importance de ce fait.

Néron n'est pas encor tranquille possesseur
De l'ingrate qu'il aime au mépris de ma sœur.
Si vous êtes toujours sensible à son injure[1],
On peut dans son devoir ramener le parjure.
La moitié du sénat s'intéresse pour nous[2] :
905 Sylla, Pison, Plautus[3]...

AGRIPPINE. —   Prince, que dites-vous ?
Sylla, Pison, Plautus ! les chefs de la noblesse !

BRITANNICUS. — Madame, je vois bien que ce discours vous blesse,
Et que votre courroux, tremblant, irrésolu,
910 Craint déjà d'obtenir tout ce qu'il a voulu.
Non, vous avez trop bien établi[4] ma disgrâce :
D'aucun ami pour moi ne redoutez l'audace.
Il ne m'en reste plus ; et vos soins trop prudents
Les ont tous écartés ou séduits[5] dès longtemps.

AGRIPPINE. – 915 Seigneur, à vos soupçons donnez moins de créance[6] :
Notre salut dépend de notre intelligence[7].
J'ai promis, il suffit. Malgré vos ennemis,
Je ne révoque[8] rien de ce que j'ai promis.
Le coupable Néron fuit en vain ma colère :
920 Tôt ou tard il le faudra qu'il entende sa mère.
J'essaîrai[9] tour à tour la force et la douceur ;
Ou moi-même, avec moi conduisant votre sœur,
J'irai semer partout ma crainte et ses alarmes,
Et ranger tous les cœurs du parti de ses larmes.
925 Adieu. J'assiégerai Néron de toutes parts.
Vous, si vous m'en croyez, évitez ses regards.

SCÈNE VI. — BRITANNICUS, NARCISSE.

BRITANNICUS. — Ne m'as-tu point flatté d'une fausse espérance ?
Puis-je sur ton récit fonder quelque assurance,
Narcisse ?

NARCISSE. —   Oui. Mais, Seigneur, ce n'est pas en ces lieux
930 Qu'il faut développer[10] ce mystère à vos yeux.

---

1. L'injustice dont elle est victime. — 2. Se partage nos intérêts. — 3. Cornelius Sylla, gendre de Claude, et que Néron finira par faire tuer ; Calpurnius Pison, plus tard chef d'une grande conspiration qui coûtera la vie à Sénèque et à Lucain ; Plautus, descendant d'Auguste, et qu'Agrippine songera peut-être à épouser après la mort de Britannicus : il périra lui aussi sur l'ordre de Néron. — 4. Consolidé, rendue stable. — 5. Écartés du bon chemin, voir le v. 184. — 6. Doublet de « croyance ». — 7. Notre entente ; intelligence : « union, amitié de deux ou plusieurs personnes qui s'entendent bien ensemble » (*Dict.* de Furetière, 1690). — 8. Rétracte. — 9. Voir le v. 243. — 10. « Au figuré : débrouiller » (*Dict. de l'Acad.*, 1694).

Sortons. Qu'attendez-vous?

BRITANNICUS. — Ce que j'attends, Narcisse?
Hélas!

NARCISSE. — Expliquez-vous.

BRITANNICUS. — Si par ton artifice[1],
Je pouvais revoir...

NARCISSE. — Qui?

BRITANNICUS. — J'en rougis. Mais enfin,
D'un cœur moins agité j'attendrais mon destin.

NARCISSE. — 935 Après tous mes discours, vous la croyez fidèle?

BRITANNICUS. — Non, je la crois, Narcisse, ingrate, criminelle,
Digne de mon courroux; mais je sens, malgré moi,
Que je ne le crois pas autant que je le doi[2].
Dans ses égarements mon cœur opiniâtre
940 Lui prête des raisons, l'excuse, l'idolâtre.
Je voudrais vaincre enfin mon incrédulité :
Je la voudrais[3] haïr avec tranquillité.
Et qui croira qu'un cœur si grand en apparence,
D'une infidèle cour[4] ennemi dès l'enfance,
945 Renonce à tant de gloire[5], et dès le premier jour
Trame une perfidie inouïe à la cour[6]?

---

1. « Déguisement, fraude » (*Dict. de l'Acad.*, 1694); ici : ruse. — 2. Voir le v. 341. — 3. Voir p. 27, n. 7. — 4. Personnes indignes de sa confiance. — 5. « Honneur, estime, réputation qui procède du mérite d'une personne » (*Dict. de l'Acad.*, 1964). — 6. Telle qu'on n'en a jamais entendu parler (latin *inaudita*), même à la cour.

▪▪

● **Les intuitions de Britannicus** — On insiste souvent sur la candeur de Britannicus. Cependant :
— En présence d'Agrippine, il devine fort bien ses véritables sentiments. N'a-t-il pas même exagéré volontairement les secours qu'il espère? il avait déjà manifesté des doutes sur la valeur de cette alliance (v. 909-910) en présence de Narcisse.
— Il éprouve des doutes sur la trahison de Junie.
— En somme, la plus grande candeur de Britannicus est de s'abandonner aux conseils de Narcisse : Racine a su l'expliquer.

● **La politique d'Agrippine** — Elle se livre à une tentative de chantage. Mais sa faiblesse, déjà dénoncée par Burrhus, apparaît dans les v. 919-926. Aucun plan précis, sauf la volonté de rencontrer Néron qu'elle espère reconquérir.

▪▪

NARCISSE. — Et qui sait si l'ingrate, en sa longue retraite,
N'a point de l'Empereur médité la défaite?
Trop sûre que ses yeux ne pouvaient se cacher,
950 Peut-être elle fuyait pour se faire chercher,
Pour exciter Néron par la gloire pénible
De vaincre une fierté[1] jusqu'alors invincible.

BRITANNICUS. — Je ne la puis[2] donc voir?

NARCISSE. — Seigneur, en ce moment
Elle reçoit les vœux de son nouvel amant[3].

BRITANNICUS. — 955 Hé bien! Narcisse, allons. Mais que vois-je? C'est elle.

NARCISSE (*à part*).

— Ah, Dieux! A l'Empereur portons cette nouvelle.

SCÈNE VII. — BRITANNICUS, JUNIE.

JUNIE. — Retirez-vous, Seigneur, et fuyez un courroux
Que ma persévérance[4] allume contre vous.
Néron est irrité. Je me suis échappée,
960 Tandis qu'à l'arrêter sa mère est occupée.
Adieu : réservez-vous, sans blesser mon amour,
Au plaisir de me voir justifier[5] un jour.
Votre image sans cesse est présente à mon âme :
Rien ne l'en peut bannir.

BRITANNICUS. — Je vous entends[6], Madame :
965 Vous voulez que ma fuite assure vos désirs[7],
Que je laisse un champ libre à vos nouveaux soupirs[8].
Sans doute, en me voyant[9], une pudeur[10] secrète
Ne vous laisse goûter qu'une joie inquiète.
Hé bien! il faut partir.

JUNIE. — Seigneur, sans m'imputer...

BRITANNICUS. — 970 Ah! vous deviez[11] du moins plus longtemps disputer.
Je ne murmure point qu'[12]une amitié commune[13]
Se range du parti que flatte la fortune[14],
Que l'éclat d'un empire ait pu vous éblouir,
Qu'aux dépens de ma sœur vous en vouliez jouir;

---

1. Une pudeur sauvage. — 2. Voir p. 27, n. 7. — 3. Celui qui aime et qui est aimé. —
4. Ma persévérance dans mon amour pour vous. — 5. Voir le v. 612. — 6. Je vous comprends.
— 7. Assure la satisfaction de vos désirs. — 8. Terme de galanterie d'un emploi courant
pour : sentiments amoureux ou marques d'amour. — 9. Quand vous me voyez : voir le
v. 46. — 10. Sens latin : honte. — 11. Vous auriez dû : voir le v. 61. — 12. Je ne murmure
point si... (ou : de ce que); l'usage classique tendait à substituer la conjonction *que* à toutes
les autres. — 13. Vulgaire. — 14. Qu'elle encourage par des marques de faveur.

975 Mais que, de ces grandeurs comme une autre occupée[1],
Vous m'en ayez paru si longtemps détrompée[2] :
Non, je l'avoue encor, mon cœur désespéré
Contre ce seul malheur n'était point préparé.
J'ai vu sur ma ruine élever[3] l'injustice;
980 De mes persécuteurs j'ai vu le Ciel complice.
Tant d'horreurs n'avaient point épuisé son courroux,
Madame : il me restait d'être oublié de vous.

JUNIE. — Dans un temps plus heureux ma juste impatience[4]
Vous ferait repentir de votre défiance.
985 Mais Néron vous menace : en ce pressant danger,
Seigneur, j'ai d'autres soins[5] que de vous affliger.
Allez, rassurez-vous, et cessez de vous plaindre :
Néron nous écoutait, et m'ordonnait de feindre.

BRITANNICUS. — Quoi? le cruel...

JUNIE. — Témoin de tout notre entretien,
990 D'un visage sévère examinait le mien,
Prêt à faire sur vous éclater la vengeance
D'un geste confident de notre intelligence[6].

BRITANNICUS. — Néron nous écoutait, Madame! Mais, hélas!
Vos yeux auraient pu feindre, et ne m'abuser pas.
995 Ils pouvaient[7] me nommer l'auteur de cet outrage.
L'amour est-il muet, ou n'a-t-il qu'un langage?
De quel trouble un regard pouvait me préserver!
Il fallait...

---

1. Prise tout entière par ces grandeurs : latin *occupata*. — 2. Sans illusion sur ces grandeurs. — 3. S'élever : voir le v. 612. — 4. Elle ne pourrait pas se contenir en face des accusations de Britannicus. — 5. Soucis. — 6. Notre accord : voir le v. 916. — 7. Ils auraient pu : voir le v. 997.

- **Coups de théâtre** — « Les coups de théâtre agissent toujours dans le sens de la passion directrice, pour y ajouter leur poids, non pour en arrêter ou en changer le cours : en serviteurs, et non en facteurs déterminants de l'action. » (Thierry Maulnier, *Racine*, p. 96). Deux coups de théâtre marquent, l'un la fin de la scène 6, l'autre la fin de la scène 7 de l'acte III : l'arrivée de Junie qui surprend Britannicus et Narcisse; l'arrivée de Néron qui surprend Britannicus aux genoux de Junie. Aucun des deux ne peut étonner le spectateur. Le premier est l'œuvre d'Agrippine : elle a « arrêté » Néron (v. 960), pour permettre à Junie de s'enfuir et de rencontrer Britannicus; il s'agit de contrarier les nouvelles amours de Néron, dangereuses pour l'autorité d'Agrippine. Le second coup de théâtre s'explique par la trahison de Narcisse. En faisant de Néron le spectateur du bonheur de son rival, il excite sa haine et sa jalousie.

- **Le tragique** — Observez le parallélisme entre III, 7 et II, 6.

JUNIE. —   Il fallait me taire et vous sauver.
Combien de fois, hélas! puisqu'il faut vous le dire,
1000 Mon cœur de son désordre[1] allait-il vous instruire!
De combien de soupirs interrompant le cours
Ai-je évité vos yeux que je cherchais toujours!
Quel tourment de se taire en voyant ce qu'on aime!
De l'entendre gémir, de l'affliger soi-même,
1005 Lorsque par un regard on peut[2] le consoler!
Mais quels pleurs ce regard aurait-il fait couler!
Ah! dans ce souvenir[3], inquiète, troublée,
Je ne me sentais pas assez dissimulée.
De mon front effrayé je craignais la pâleur;
1010 Je trouvais mes regards trop pleins de ma douleur.
Sans cesse il me semblait que Néron en colère
Me venait reprocher trop de soin de vous plaire;
Je craignais mon amour vainement renfermé;
Enfin, j'aurais voulu n'avoir jamais aimé.
1015 Hélas! pour son bonheur, Seigneur, et pour le nôtre,
Il n'est que trop instruit de mon cœur[4] et du vôtre.
Allez, encore un coup[5], cachez-vous à ses yeux :
Mon cœur plus à loisir vous éclaircira[6] mieux.
De mille autres secrets j'aurais compte à vous rendre.

BRITANNICUS. 1020 Ah! n'en voilà que trop. C'est trop me faire entendre,
Madame, mon bonheur, mon crime, vos bontés[7].
Et savez-vous pour moi tout ce que vous quittez?
(Se jetant aux pieds de Junie)
Quand pourrai-je à vos pieds expier ce reproche[8]?

JUNIE. — Que faites-vous? Hélas! votre rival s'approche.

Scène VIII. — NÉRON, BRITANNICUS, JUNIE.

NÉRON. 1025 Prince, continuez des transports si charmants.
Je conçois vos bontés par ses remercîments[9],
Madame : à vos genoux je viens de le surprendre.
Mais il aurait aussi quelque grâce à me rendre :
Ce lieu le favorise, et je vous y retiens

1. Trouble intérieur : voir le v. 124. — 2. On pourrait. — 3. Elle se souvenait des paroles menaçantes de Néron, et *ce souvenir* faisait naître son inquiétude et son trouble. — 4. Il n'est que trop bien renseigné sur nos sentiments réciproques : expression audacieuse et concise. — 5. Je vous le répète. — 6. Voir le v. 117. — 7. Observer la délicatesse du langage et le soupçon de préciosité. — 8. Le reproche que j'ai mérité en vous soupçonnant. — 9. Voir le v. 243.

1030 Pour lui faciliter de si doux entretiens.

BRITANNICUS. — Je puis mettre à ses pieds ma douleur ou ma joie
Partout où sa bonté consent que je la voie;
Et l'aspect de ces lieux où vous la retenez
N'a rien dont mes regards doivent être étonnés[1].

NÉRON. 1035 Et que vous montrent-ils qui ne vous avertisse
Qu'il faut qu'on me respecte et que l'on m'obéisse?

BRITANNICUS. — Ils ne nous ont pas vu l'un et l'autre élever,
Moi pour vous obéir, et vous pour me braver;
Et ne s'attendaient pas, lorsqu'ils nous virent naître,
1040 Qu'un jour Domitius[2] me dût parler en maître.

NÉRON. — Ainsi par le destin nos vœux sont traversés[3] :
J'obéissais alors, et vous obéissez.
Si vous n'avez appris à vous laisser conduire,
Vous êtes jeune encore, et l'on peut vous instruire.

BRITANNICUS. 1045 Et qui m'en instruira?

NÉRON. — Tout l'Empire à la fois,
Rome.

BRITANNICUS. — Rome met-elle au nombre de vos droits
Tout ce qu'a[4] de cruel l'injustice et la force,
Les empoisonnements, le rapt et le divorce?

NÉRON. — Rome ne porte point ses regards curieux
1050 Jusque dans des secrets que je cache à ses yeux.
Imitez son respect.

BRITANNICUS. — On sait ce qu'elle en pense.

---

1. Sens fort : Britannicus rappelle qu'il est chez lui. — 2. On appelait ainsi Néron quand il n'était pas promis à l'Empire. Il y a là un souvenir des *Annales*, XII, 41 : « Un jour, les deux frères se rencontrant, Néron salua Britannicus par son nom, et celui-ci appela Néron : Domitius. » — 3. Contrariés. — 4. Accord, imité du latin, avec le sujet le plus proche : cas fréquent au XVIIᵉ siècle.

■■■

● **La poésie** — Les vers 999-1014 forment un poème d'amour qui demeure lié à l'action tragique.
— Authenticité : Junie est tendresse et vocation du sacrifice; mais elle sait que toute passion (cf. le verbe *pâtir*) est souffrance, d'où le souhait pathétique du v. 1014.
— Nostalgie : le bonheur passé s'enfonce dans l'ombre; mais la menace immédiate, connue du spectateur, crée l'angoisse.
— Pureté : aucune recherche; aucune expression précieuse; un langage simple et dépouillé, mais chargé de résonances (« l'adorable vers racinien », écrit F. Mauriac); un ordre sobre et naturel; deux thèmes : la douleur de Britannicus et la colère de Néron.

■■■

NÉRON.	— Elle se tait du moins : imitez son silence.
BRITANNICUS.	— Ainsi Néron commence à ne se plus forcer[1].
NÉRON.	— Néron de vos discours commence à se lasser.
BRITANNICUS.	1055 Chacun devait bénir le bonheur de son règne.
NÉRON.	— Heureux ou malheureux[2], il suffit qu'on me craigne[3].
BRITANNICUS.	— Je connais mal Junie, ou de tels sentiments
	Ne mériteront pas ses applaudissements.
NÉRON.	— Du moins, si je ne sais le secret de lui plaire,
	1060 Je sais l'art de punir un rival téméraire.
BRITANNICUS.	— Pour moi, quelque péril qui me puisse accabler,
	Sa seule inimitié peut[4] me faire trembler.
NÉRON.	— Souhaitez-la[5] : c'est tout ce que je vous puis dire.
BRITANNICUS.	— Le bonheur de lui plaire est le seul où[6] j'aspire.
NÉRON.	1065 Elle vous l'a promis, vous lui plairez toujours.
BRITANNICUS.	— Je ne sais pas du moins épier ses discours.
	Je la laisse expliquer[7] sur tout ce qui me touche,
	Et ne me cache point pour lui fermer la bouche.
NÉRON.	— Je vous entends[8]. Hé bien, gardes !
JUNIE.	— Que faites-vous ?
	1070 C'est votre frère. Hélas ! c'est un amant jaloux.
	Seigneur, mille malheurs persécutent sa vie.
	Ah ! son bonheur peut-il exciter votre envie ?
	Souffrez que de vos cœurs rapprochant les liens,
	Je me cache à vos yeux, et me dérobe aux siens.
	1075 Ma fuite arrêtera vos discordes fatales ;
	Seigneur, j'irai[9] remplir[10] le nombre des Vestales[11].
	Ne lui disputez plus mes vœux[12] infortunés :
	Souffrez que les Dieux seuls en soient importunés.
NÉRON.	— L'entreprise[13], Madame, est étrange et soudaine.
	1080 Dans son appartement, gardes, qu'on la ramène[14].
	Gardez Britannicus dans celui de sa sœur.
BRITANNICUS.	— C'est ainsi que Néron sait disputer un cœur.

---

1. A ne plus se contraindre : voir p. 27, n. 7. — 2. Que mon règne soit heureux ou malheureux : voir le v. 46. — 3. Racine s'est souvenu de la réplique d'Atrée chez Attius : *Oderint, dum metuant*, « Qu'ils me haïssent, soit ; mais qu'ils me craignent ». — 4. Il n'y a que son inimitié qui... — 5. Rapprocher cette menace de ce que dit Néron à Narcisse au v. 443. — 6. Auquel : voir p. 28, n. 1. — 7. Voir le v. 612. — 8. Je comprends ce que vous voulez dire. — 9. Le dénouement se prépare. — 10. « Achever le nombre qui est réglé... » (*Dict.* de Richelet, 1680). — 11. Dix-huit prêtresses de Vesta ayant fait vœu de chasteté étaient chargées d'entretenir le feu sacré. — 12. Mon amour. — 13. Entreprise : « résolution hardie de faire quelque chose » (*Dict.* de Furetière, 1690). — 14. Qu'on la reconduise.

JUNIE.   — Prince, sans l'irriter, cédons à cet orage.

NÉRON.   — Gardes, obéissez sans tarder davantage.

Scène IX. — NÉRON, BURRHUS.

BURRHUS. —[1085] Que vois-je? Ô Ciel!

NÉRON, *sans voir Burrhus.*

      —   Ainsi leurs feux[1] sont redoublés.

      Je reconnais la main qui les a rassemblés.

      Agrippine ne s'est présentée à ma vue,

      Ne s'est dans ses discours si longtemps étendue,

      Que pour faire jouer ce ressort odieux.

             (Apercevant Burrhus)

[1090] Qu'on sache si ma mère est encore en ces lieux.

      Burrhus, dans ce palais je veux qu'on la retienne,

      Et qu'au lieu de sa garde on lui donne la mienne.

BURRHUS.   — Quoi! Seigneur, sans l'ouïr? Une mère[2]?

NÉRON.   —   Arrêtez :

      J'ignore quel projet, Burrhus, vous méditez;

[1095] Mais, depuis quelques jours, tout ce que je désire

      Trouve en vous un censeur prêt à me contredire.

      Répondez-m'en, vous dis-je; ou, sur votre refus,

      D'autres me répondront et d'elle et de Burrhus.

---

1. Feux : « se dit en poésie pour signifier la passion de l'amour » (*Dict. de l'Acad.*, 1694).
— 2. Voir Tacite, XIII, 20 : « Mais tout accusé, à plus forte raison une mère, avait droit de se défendre »; c'est Burrhus qui parle ainsi à Néron.

━━━

- **L'action** — 1. Néron fait arrêter Britannicus et Agrippine : acte de colère, mais déterminé par le progrès des passions, jusqu'à n'en être que l'explosion nécessaire. A l'origine de cette décision nous trouvons en effet : *a)* le ressentiment de Néron contre Agrippine responsable de la rencontre des amants; *b)* la morsure de la jalousie (car s'il avait vu la violence de leur amour, il n'avait pas encore vu leur bonheur, même dans le danger, et c'est cela qu'il hait le plus); *c)* l'attitude fière et même agressive de Britannicus; *d)* la vanité blessée.
2. Anticipation sur le dénouement : le projet de Junie d'entrer au collège des Vestales (v. 1076).
- **La stichomythie** — Selon M. Scherer (*la Dramaturgie classique en France*, 1950, p. 303), il faut employer, au sens large, le mot de *stichomythie* pour désigner « tout dialogue formé de courtes répliques de même longueur » et même dans les cas « fort nombreux, où l'égalité des répliques n'est qu'approximative ».
  ① Analysez la stichomythie dans les vers 1051-1069.
  ② Cherchez des exemples de stichomythie chez Corneille. Classez-les selon ce qu'elle exprime : défi, élans d'amour, tendresse réciproque.

━━━

ACTE IV

Scène première. — AGRIPPINE, BURRHUS.

BURRHUS. — Oui[1], Madame, à loisir[2] vous pourrez vous défendre :
1100 César lui-même ici consent de[3] vous entendre.
Si son ordre au palais vous a fait retenir[4],
C'est peut-être à dessein de vous entretenir.
Quoi qu'il en soit, si j'ose expliquer[5] ma pensée,
Ne vous souvenez plus qu'il vous ait[6] offensée :
1105 Préparez-vous plutôt à lui tendre les bras;
Défendez-vous, Madame, et ne l'accusez pas.
Vous voyez, c'est lui seul que la cour envisage[7].
Quoiqu'il soit votre fils, et même votre ouvrage,
Il est votre empereur. Vous êtes comme nous
1110 Sujette à[8] ce pouvoir qu'il a reçu de vous.
Selon qu'il vous menace, ou bien qu'il vous caresse,
La cour autour de vous ou s'écarte ou s'empresse[9];
C'est son appui qu'on cherche en cherchant votre appui.
Mais voici l'Empereur.

AGRIPPINE. —   Qu'on me laisse avec lui.

Scène II. — AGRIPPINE, NÉRON.

AGRIPPINE (*s'asseyant*).
1115 Approchez-vous, Néron, et prenez votre place.
On[10] veut sur vos soupçons que je vous satisfasse[11].
J'ignore de quel crime on a pu me noircir,
De tous ceux que j'ai faits je vais vous éclaircir[12].
Vous régnez. Vous savez combien votre naissance
1120 Entre l'Empire et vous avait mis de distance.
Les droits de mes aïeux[13], que Rome a consacrés[14],

---

1. Début d'acte, et même de tragédie, très fréquent chez Racine : voir *Andromaque, Iphigénie, Athalie*; nous sommes saisis par l'action dès le lever du rideau. — 2. Jusqu'à présent, Néron s'est efforcé d'éviter sa mère : nous ne les avons pas encore vus ensemble. — 3. Consent à. — 4. Néron avait remplacé la garde d'Agrippine par la sienne (v. 811.) : c'est une arrestation déguisée. — 5. Développer : latin *explicare*. — 6. Le subjonctif marque une idée de doute : Racine veut marquer que l'offense n'existe peut-être que dans la pensée d'Agrippine. — 7. Dont elle regarde la conduite pour se régler sur elle. Voir Tacite XIII, 19 : « Il ne se présentait chez elle personne pour lui rendre visite ou la consoler. » — 8. Soumise. — 9. Allusion à la servitude des courtisans : le trait est valable aussi bien pour le lecteur de Tacite que pour le contemporain de Louis XIV. — 10. Tour méprisant pour désigner Burrhus, et déjà employé par Agrippine au v. 811. — 11. Que je vous donne satisfaction en m'expliquant sur vos soupçons à mon égard; *vous* peut être un complément d'objet indirect, la langue classique utilisait l'expression *satisfaire à quelqu'un*. — 12. Voir le v. 117. — 13. Voir p. 24 le tableau généalogique des Césars. — 14. A partir du moment où Néron est devenu empereur : le mot implique une idée religieuse.

> Étaient même, sans moi, d'inutiles degrés.
> Quand de Britannicus la mère condamnée[1]
> Laissa de Claudius disputer l'hyménée,
> 1125 Parmi tant de beautés qui briguèrent son choix,
> Qui de ses affranchis[2] mendièrent les voix,
> Je souhaitai son lit, dans la seule pensée
> De vous laisser au trône où je serais placée.
> Je fléchis mon orgueil, j'allai prier Pallas[3].
> 1130 Son maître, chaque jour caressé dans mes bras[4],
> Prit insensiblement dans les yeux de sa nièce[5]
> L'amour où je voulais amener sa tendresse[6].
> Mais ce lien du sang qui nous joignait tous deux
> Écartait Claudius d'un lit incestueux.
> 1135 Il n'osait épouser la fille de son frère.
> Le sénat fut séduit[7] : une loi moins sévère
> Mit Claude dans mon lit, et Rome à mes genoux.

1. La condamnation de la mère : tour latin ; il s'agit de Messaline. — 2. L'affranchi Pallas soutenait Agrippine ; Calliste préférait Lollia Paulina ; et Narcisse recommandait à Claude de reprendre son ancienne femme, Paetina (qui avait précédé Messaline). Voir *Annales*, XII, 1 et 2. — 3. Elle devint sa maîtresse ; bel exemple d'euphémisme. — 4. « Agrippine, profitant de sa parenté pour visiter à chaque instant son oncle, le séduisit si bien que, préférée à toutes ses rivales, et sans avoir encore eu le nom d'épouse, elle exerçait déjà l'autorité d'une épouse » (*Annales*, XIII, 3). Elle devint d'ailleurs sa maîtresse avant le mariage. — 5. Fille de Germanicus, Agrippine était la nièce de Claude. — 6. *Amour — tendresse :* le premier mot convient à la future épouse, le second à la nièce. — 7. Du latin *seducere :* détourné de son devoir (qui était de maintenir les lois contre l'inceste). C'est Vitellius, le futur empereur, qui se chargea de haranguer le sénat.

▪▪▪

- **L'action** — Que s'est-il passé pendant l'entracte ? — 1° à la demande de Burrhus Néron a consenti à s'entretenir avec sa mère (... « sans l'ouïr ? Une mère ? » avait dit Burrhus au v. 1093) — 2° mais il a ordonné à Narcisse, nous le saurons par les premiers mots de la scène 4, de préparer l'empoisonnement de Britannicus. Sa décision est donc déjà prise, et seul Narcisse la connaît. Un revirement de Néron est-il possible ? Nous le jugeons impossible à la fois à cause de Néron et à cause d'Agrippine : il leur faudrait n'être plus eux-mêmes. En particulier, Agrippine devrait suivre les conseils de Burrhus, et même aller plus loin, s'humilier. Or, son silence méprisant devant Burrhus et ses premiers mots à Néron portent en eux sa condamnation. Fatalité intérieure.

- **Simplicité** — « Lorsqu'Agrippine, arrêtée par ordre de Néron et obligée de se justifier, commence (v. 1115) par ces mots si simples : *Approchez-vous, Néron...*, je ne crois pas que beaucoup de personnes fassent attention qu'elle commande, en quelque manière, à l'Empereur de s'approcher et de s'asseoir, elle qui était réduite à rendre compte de sa vie, non à son fils, mais à son maître ». (Vauvenargues).

- **La narration** — « Elle est faite pour le plaisir des yeux autant que des oreilles, elle produit toujours le plus attachant des spectacles. » (Le Bidois, *op. cit.*, p. 99). Commentez ce jugement d'après les vers 1123-1172.

▪▪▪

C'était beaucoup pour moi, ce n'était rien pour vous[1].
Je vous fis sur mes pas entrer dans sa famille :
1140 Je vous nommai son gendre, et vous donnai sa fille.
Silanus[2], qui l'aimait, s'en vit abandonné,
Et marqua de son sang ce jour infortuné.
Ce n'était rien encore. Eussiez-vous pu prétendre
Qu'un jour Claude à son fils dût préférer son gendre ?
1145 De ce même Pallas j'implorai le secours :
Claude vous adopta, vaincu par ses discours,
Vous appela Néron[3], et du pouvoir suprême
Voulut, avant le temps, vous faire part lui-même.
C'est alors que chacun, rappelant le passé,
1150 Découvrit mon dessein, déjà trop avancé;
Que de Britannicus la disgrâce future
Des amis de son père excita le murmure[4].
Mes promesses aux uns éblouirent les yeux;
L'exil me délivra des plus séditieux;
1155 Claude même, lassé de ma plainte éternelle,
Éloigna de son fils tous ceux de qui le zèle,
Engagé dès longtemps à suivre son destin,
Pouvait du trône encor lui rouvrir le chemin.
Je fis plus : je choisis moi-même dans ma suite
1160 Ceux à qui je voulais qu'on livrât sa conduite[5];
J'eus soin de vous nommer, par un contraire choix[6],
Des gouverneurs que Rome honorait de sa voix.
Je fus sourde à la brigue, et crus la renommée.
J'appelai de l'exil, je tirai de l'armée,
1165 Et ce même Sénèque, et ce même Burrhus,
Qui depuis... Rome alors estimait leurs vertus.
De Claude en même temps épuisant les richesses,
Ma main, sous votre nom, répandait ses largesses.
Les spectacles, les dons, invincibles appâts,
1170 Vous attiraient les cœurs du peuple et des soldats,
Qui d'ailleurs, réveillant leur tendresse première,
Favorisaient en vous Germanicus mon père[7].

---

1. « Dès ce moment, la révolution fut faite. Tout obéissait à une femme [...] comme à un homme », *Annales*, XII, 7. — 2. Silanus était fiancé à Octavie. Agrippine le fit accuser, par Vitellius, d'inceste avec sa sœur Junia Calvina. Silanus fut exclu du sénat et Calvina exilée. Silanus se tua, non le jour du mariage d'Octavie, mais le jour du mariage d'Agrippine (*Annales*, XII, 4 et 8). — 3. Pallas persuada Claude de donner un jeune homme plus âgé comme appui à Britannicus. Le nom de Néron faisait de Domitius un membre de la famille des Claudius (*Annales*, XII, 25-26). L'adoption de Néron suivit les fiançailles de Néron et d'Octavie, mais précéda leur mariage. — 4. Voir *Annales*, XII, 41. — 5. Son éducation. — 6. Par un choix contraire : celui du philosophe Sénèque et du soldat Burrhus. — 7. Germanicus était resté très populaire.

Cependant Claudius penchait vers son déclin.
Ses yeux, longtemps fermés, s'ouvrirent à la fin :
1175 Il connut[1] son erreur. Occupé de sa crainte,
Il laissa pour son fils échapper quelque plainte,
Et voulut, mais trop tard, assembler ses amis.
Ses gardes, son palais, son lit m'étaient soumis.
Je lui laissai sans fruit consumer sa tendresse[2];
1180 De ses derniers soupirs je me rendis maîtresse.
Mes soins, en apparence épargnant ses douleurs,
De son fils, en mourant[3], lui cachèrent les pleurs.
Il mourut. Mille bruits en courent à ma honte[4].
J'arrêtai de sa mort la nouvelle trop prompte;
1185 Et tandis que Burrhus allait secrètement
De l'armée en vos mains exiger le serment,
Que vous marchiez au camp[5], conduit sous mes aus-
[pices,
Dans Rome les autels fumaient de sacrifices;
Par mes ordres trompeurs tout le peuple excité
1190 Du prince déjà mort demandait la santé.
Enfin des légions l'entière obéissance
Ayant de votre empire affermi la puissance,
On vit Claude[6]; et le peuple, étonné de son sort,
Apprit en même temps votre règne et sa mort.
1195 C'est le sincère aveu que je voulais vous faire :

---

1. Il reconnut. — 2. Son amour paternel. — 3. Quand il mourut : voir le v. 46. — 4. Elle l'assassina, en l'empoisonnant avec un plat de champignons préparés par Locuste, puis en lui faisant plonger dans la gorge, par un médecin, une plume imprégnée de poison (voir p. 117-118). — 5. Celui des cohortes prétoriennes, situé en dehors de la ville (quelques soldats demandèrent Britannicus). — 6. On put voir le corps de Claude.

▪▪▪

● **Le récit historique** — « *Britannicus* se déroule dans un abominable enchaînement d'attentats secrets ou avoués. de perfidies et de complots dont le commencement et la fin excèdent de bien loin les limites de la tragédie », a écrit M. Thierry Maulnier (*Racine*, p. 264).
— Cet enchaînement donne à l'action une épaisseur dans le temps : le présent se gonfle de tout le passé. Le crime conçu par Néron n'est qu'un épisode dans l'histoire d'une famille criminelle.
— Racine organise l'histoire selon un plan tragique. Au début de son discours (v. 1119-1122), Agrippine réduit Néron à rien. A la fin du discours, en deux vers (v. 1221-1222), la toute-puissance de ce même Néron éclate. Dans l'intervalle, les événements historiques sont disposés en cinq actes : ascension d'Agrippine, ascension de Néron, disgrâce de Britannicus, crédit de Néron, fin de Claude.

① Étudiez « l'art de la litote » dans ce discours.

▪▪▪

Voilà tous mes forfaits. En voici[1] le salaire.
Du fruit de tant de soins à peine[2] jouissant
En avez-vous six mois paru reconnaissant,
Que lassé d'un respect qui vous gênait peut-être,
1200 Vous avez affecté de ne me plus connaître.
J'ai vu Burrhus, Sénèque, aigrissant vos soupçons,
De l'infidélité[3] vous tracer des leçons,
Ravis d'être vaincus dans leur propre science.
J'ai vu favoriser de votre confiance
1205 Othon, Sénécion[4], jeunes voluptueux,
Et de tous vos plaisirs flatteurs respectueux;
Et lorsque vos mépris excitant mes murmures,
Je vous ai demandé raison de tant d'injures
(Seul recours d'un ingrat qui se voit confondu),
1210 Par de nouveaux affronts vous m'avez répondu.
Aujourd'hui je promets Junie à votre frère;
Ils se flattent tous deux du choix de votre mère :
Que faites-vous? Junie, enlevée à la cour[5],
Devient en une nuit l'objet de votre amour;
1215 Je vois de votre cœur Octavie effacée,
Prête à[6] sortir du lit où je l'avais placée;
Je vois Pallas banni, votre frère arrêté;
Vous attentez enfin jusqu'à ma liberté :
Burrhus ose sur moi porter ses mains hardies.
1220 Et lorsque, convaincu de tant de perfidies,
Vous deviez[7] ne me voir que pour les expier,
C'est vous qui m'ordonnez de me justifier.

NÉRON.   — Je me souviens toujours que je vous dois l'Empire,
Et sans vous fatiguer du soin[8] de le redire,
1225 Votre bonté, Madame, avec tranquillité
Pouvait se reposer sur ma fidélité[9].
Aussi bien ces soupçons, ces plaintes assidues[10]
Ont fait croire à tous ceux qui les ont entendues
Que jadis (j'ose ici vous le dire entre nous)
1230 Vous n'aviez, sous mon nom, travaillé que pour vous.
Tant d'honneurs, disaient-ils, *et tant de déférences[11],
Sont-ce de ses bienfaits de faibles récompenses?*

---

1. *Voilà, voici :* usage parfait des deux mots. — 2. *A peine* modifie à la fois *jouissant* et *reconnaissant.* — 3. L'ingratitude. — 4. Othon et Sénécion n'avaient pas la même origine (*Annales*, XIII, 12) : aristocrate, Othon était le mari de Poppée qu'il devait céder à Néron; il fut plus tard un empereur courageux (voir la tragédie de Corneille); Sénécion était le fils d'un affranchi de Claude. — 5. Amenée de force à la cour. — 6. Sur le point de. — 7. Vous auriez dû : voir le v. 61. — 8. De l'effort. — 9. Ma gratitude. — 10. Continuelles (latin *assiduus*). — 11. Témoignages de déférence : voir le v. 273, n. 5.

Quel crime a donc commis ce fils tant condamné?
Est-ce pour obéir[1] qu'elle l'a couronné?
1235 *N'est-il de son pouvoir que le dépositaire?*
Non que, si jusque-là j'avais pu vous complaire,
Je n'eusse pris plaisir, Madame, à vous céder
Ce pouvoir que vos cris semblaient redemander.
Mais Rome veut un maître et non une maîtresse.
1240 Vous entendiez les bruits qu'excitait ma faiblesse.
Le sénat chaque jour et le peuple, irrités
De s'ouïr par ma voix dicter vos volontés,
Publiaient qu'en mourant Claude avec sa puissance
M'avait encor laissé sa simple[2] obéissance.
1245 Vous avez vu cent fois nos soldats en courroux
Porter en murmurant leurs aigles[3] devant vous,
Honteux de rabaisser par cet indigne usage
Les héros dont encore elles portent l'image.
Toute autre se serait rendue à leurs discours;
1250 Mais si vous ne régnez, vous vous plaignez toujours.
Avec Britannicus contre moi réunie,
Vous le fortifiez du parti de Junie;
Et la main de Pallas trame tous ces complots.
Et lorsque, malgré moi, j'assure mon repos,
1255 On vous voit de colère et de haine animée.

---

1. Pour qu'il obéisse : voir le v. 46. — 2. Naïve, imbécile. — 3. La hampe des enseignes romaines était surmontée d'un *aigle* (mais l'enseigne est *une* aigle) d'or ou d'argent; elles étaient ornées des *images* (v. 1248) des dieux et des empereurs. Pour l'idée, voir *Annales*, XIV, 11 : dans une lettre au Sénat, Néron dit que sa mère (il vient de la faire assassiner) « avait espéré [...] que les cohortes prétoriennes jureraient obéissance à une femme ».

- « **Un dépit puéril...** » (Nisard) — Du v. 1196 au v. 1222, la manière d'Agrippine ne change pas. La composition est aussi claire (deux parties : les griefs anciens, les outrages nouveaux, le v. 1210 faisant transition). Le ton est aussi ferme, l'allure aussi hautaine mais la grandeur de l'évocation historique fait place aux récriminations de la mère offensée : réalisme d'une scène de ménage dans le palais des Césars.
- **La réplique de Néron** — Agrippine a consacré quatre-vingts vers au récit de ses bienfaits. Néron y répond en quatre vers d'une politesse lasse (v. 1223-1226) et, tout de suite, attaque. A la fois tortueux et brutal, mais ordonné, il répond méthodiquement aux récriminations d'Agrippine. Il pose le principe, en quatre vers dont la chute est d'une insolence calculée (v. 1227-1230). Ensuite (v. 1231-1235), au style direct, il rappelle que la voix publique explique les griefs de Néron. Trois vers (v. 1236-1238) d'excuses patelines préparent le cri de la colère populaire (v. 1239-1248) qui s'enfle de vers en vers jusqu'à l'image finale : Néron se retranche derrière l'Empire. Une attaque en deux vers d'une familiarité brutale (v. 1249-1250) clôt cette première partie.

Vous voulez présenter mon rival à l'armée :
Déjà jusques au camp[1] le bruit en a couru.

AGRIPPINE. — Moi, le faire empereur, ingrat? L'avez-vous cru?
Quel serait mon dessein? Qu'aurais-je pu prétendre[2]?
1260 Quels honneurs dans sa cour, quel rang pourrais-je
[attendre?
Ah! si sous votre empire on ne m'épargne pas,
Si mes accusateurs observent tous mes pas,
Si de leur empereur ils poursuivent la mère,
Que ferais-je au milieu d'une cour étrangère?
1265 Ils me reprocheraient, non des cris impuissants,
Des desseins étouffés aussitôt que naissants,
Mais des crimes pour vous commis à votre vue,
Et dont je ne serais que trop tôt convaincue.
Vous ne me trompez point, je vois tous vos détours :
1270 Vous êtes un ingrat, vous le fûtes toujours.
Dès vos plus jeunes ans, mes soins et mes tendresses
N'ont arraché de vous que de feintes caresses.
Rien ne vous a pu[3] vaincre; et votre dureté[4]
Aurait dû dans son cours arrêter ma bonté.
1275 Que je suis malheureuse! Et par quelle infortune
Faut-il que tous mes soins me rendent importune?
Je n'ai qu'un fils. Ô Ciel, qui m'entends aujourd'hui,
T'ai-je fait quelques vœux qui ne fussent pour lui?
Remords, crainte, périls, rien ne m'a retenue;
1280 J'ai vaincu ses mépris; j'ai détourné ma vue
Des malheurs qui dès lors me furent annoncés[5];
J'ai fait ce que j'ai pu : vous régnez, c'est assez.
Avec ma liberté, que vous m'avez ravie,
Si vous le souhaitez, prenez encor ma vie,
1285 Pourvu que par ma mort tout le peuple irrité
Ne vous ravisse pas ce qui m'a tant coûté.

NÉRON. — Hé bien donc! prononcez. Que voulez-vous qu'on fasse?

AGRIPPINE. — De mes accusateurs[6] qu'on punisse l'audace.
Que de Britannicus on calme le courroux,
1290 Que Junie à son choix puisse prendre un époux,
Qu'ils soient libres tous deux, et que Pallas demeure,

---

1. Le camp des cohortes prétoriennes établi par Séjan, ministre de Tibère, aux portes de Rome : voir les v. 839 et 1187. — 2. Verbe actif; « demander une chose à laquelle on croit avoir droit » (*Dict. de l'Acad.*, 1694). — 3. Rien n'a pu vous vaincre : voir p. 27, n. 7. — 4. Insensibilité. — 5. Paroles d'astrologues chaldéens : voir le v. 893. — 6. Voir *Annales*, XIII, 21.

> Que vous me permettiez de vous voir à toute heure,
> > *(Apercevant Burrhus dans le fond du théâtre)*
> Que ce même Burrhus, qui nous vient écouter,
> A votre porte enfin n'ose plus m'arrêter.

NÉRON. ―1295 Oui, Madame, je veux que ma reconnaissance
> Désormais dans les cœurs grave votre puissance;
> Et je bénis déjà cette heureuse froideur,
> Qui de notre amitié[1] va rallumer l'ardeur.
> Quoi que Pallas ait fait, il suffit, je l'oublie;
> 1300 Avec Britannicus je me réconcilie;
> Et quant à cet amour qui nous a séparés,
> Je vous fais notre arbitre, et vous nous jugerez.
> Allez donc, et portez cette joie à mon frère.
> Gardes, qu'on obéisse aux ordres de ma mère.

Scène III. — NÉRON, BURRHUS.

BURRHUS. ―1305 Que cette paix[2], Seigneur, et ces embrassements
> Vont offrir à mes yeux des spectacles charmants[3] !
> Vous savez si jamais ma voix lui fut contraire,
> Si de son amitié j'ai voulu vous distraire[4],
> Et si j'ai mérité cet injuste courroux.

NÉRON. ―1310 Je ne vous flatte point[5], je me plaignais de vous,
> Burrhus : je vous ai crus tous deux d'intelligence;
> Mais son inimitié vous rend ma confiance.

---

1. « Affection qu'on a pour quelqu'un » (*Dict.* de Furetière, 1690); donc, affection réciproque de la mère et du fils. — 2. Réconciliation. — 3. Sens très fort, voir les v. 431, 457, 751. — 4. Vous détourner d'avoir de l'affection pour elle; *distraire* (latin *distrahere*) c'est « détourner d'un dessein, d'une résolution » (*Dict. de l'Acad.*, 1694). — 5. Je ne vous trompe pas; voir le v. 635.

- **Vérité humaine** — Le temps d'une réplique, Agrippine nous touche. Sans doute, les dix premiers vers nous la montrent toujours attachée à son intérêt. Sans doute, nous savons que son amour maternel trouve son origine dans son désir de domination. Mais qu'elle ait uni Néron à son propre destin dans sa marche au crime, qu'elle l'ait fait en dépit des périls que les instincts de son fils représentaient pour elle, la rapproche un instant de nous. D'autre part, le ton de cette réplique est d'un pathétique qui contraste avec tout ce qui précède. La mère orgueilleuse et criminelle inspire la pitié. Quelque chose a craqué en elle, par suite de la tension trop forte à laquelle elle était soumise, et cela encore est humain. Le style traduit cette exaltation : du v. 1275 au v. 1282, elle semble oublier la présence de Néron, elle parle de lui à la troisième personne. Et elle ne s'adresse de nouveau à lui que pour s'affirmer prête à se sacrifier : elle est sincère.

① Donnez les raisons de la capitulation de Néron.

Elle se hâte trop, Burrhus, de triompher[1].
J'embrasse mon rival, mais c'est pour l'étouffer.

BURRHUS. —1315 Quoi? Seigneur.

NÉRON. —   C'en est trop : il faut que sa ruine[2]
Me délivre à jamais des fureurs d'Agrippine.
Tant qu'il respirera, je ne vis qu'à demi.
Elle m'a fatigué[3] de ce nom ennemi :
Et je ne prétends pas[4] que sa coupable audace
1320 Une seconde fois lui promette ma place.

BURRHUS. — Elle va donc bientôt pleurer Britannicus.

NÉRON. — Avant la fin du jour je ne le craindrai plus.

BURRHUS. — Et qui[5] de ce dessein vous inspire l'envie?

NÉRON. — Ma gloire, mon amour, ma sûreté, ma vie.

BURRHUS. —1325 Non, quoi que vous disiez, cet horrible dessein
Ne fut jamais, Seigneur, conçu dans votre sein.

NÉRON. — Burrhus!

BURRHUS. —   De votre bouche, ô Ciel! puis-je l'apprendre?
Vous-même sans frémir avez-vous pu l'entendre?
Songez-vous dans quel sang vous allez vous baigner?
1330 Néron dans tous les cœurs est-il las de régner?
Que dira-t-on de vous? Quelle est votre pensée?

NÉRON. — Quoi? toujours enchaîné de[6] ma gloire passée,
J'aurai devant les yeux je ne sais quel amour
Que le hasard nous donne et nous ôte en un jour?
1335 Soumis à tous leurs[7] vœux, à mes désirs contraire,
Suis-je leur empereur seulement pour leur plaire?

BURRHUS. — Et ne suffit-il pas, Seigneur, à vos souhaits
Que le bonheur public soit un de vos bienfaits?
C'est à vous à choisir[8], vous êtes encor maître.
1340 Vertueux jusqu'ici, vous pouvez toujours l'être :
Le chemin est tracé, rien ne vous retient plus;
Vous n'avez qu'à marcher de vertus en vertus.
Mais si de vos flatteurs vous suivez la maxime[9],
Il vous faudra, Seigneur, courir de crime en crime,
1345 Soutenir vos rigueurs par d'autres cruautés,
Et laver dans le sang vos bras ensanglantés.

---

1. Chanter son triomphe. — 2. Celle de Britannicus. — 3. Elle m'a tourmenté jusqu'à m'épuiser. — 4. Je ne veux pas : voir le v. 361. — 5. Et qu'est-ce qui...? L'usage classique permet l'emploi de *qui* aussi bien pour les choses que pour les personnes. — 6. Enchaîné par : voir le v. 249. — 7. Les vœux des Romains dont l'idée est présente depuis le v. 1330. — 8. C'est à votre tour de choisir. — 9. Le principe d'action.

Britannicus mourant[1] excitera le zèle
De ses amis, tout prêts à prendre sa querelle[2].
Ces vengeurs trouveront de nouveaux défenseurs
1350 Qui, même après leur mort, auront des successeurs.
Vous allumez un feu qui ne pourra s'éteindre.
Craint de tout l'univers, il vous faudra tout craindre,
Toujours punir, toujours trembler dans vos projets,
Et pour vos ennemis compter tous vos sujets.
1355 Ah! de vos premiers ans l'heureuse expérience
Vous fait-elle, Seigneur, haïr votre innocence[3]?
Songez-vous au bonheur qui les a signalés?
Dans quel repos, ô Ciel! les avez-vous coulés!
Quel plaisir de penser et dire en vous-même :
1360 *Partout, en ce moment, on me bénit, on m'aime;*
On ne voit point le peuple à mon nom s'alarmer;
Le Ciel dans tous leurs pleurs[4] ne m'entend point nommer;
Leur sombre inimitié ne fuit point mon visage;
Je vois voler partout les cœurs à mon passage!
1365 Tels étaient vos plaisirs. Quel changement, ô Dieux!
Le sang le plus abject vous était précieux.
Un jour, il m'en souvient, le sénat équitable
Vous pressait de souscrire[5] à la mort d'un coupable;
Vous résistiez, Seigneur, à leur sévérité[6] :

---

1. La mort de Britannicus : voir le v. 1123. — 2. Cause ; la *querelle* « est l'intérêt d'autrui quand on en prend la défense » (*Dict.* de Furetière, 1690). — 3. Votre bonté qui se refuse à nuire. — 4. Dans les pleurs de tous les sujets. Le pluriel *leurs* se rapporte à l'idée de pluriel contenu dans le nom collectif *peuple* : c'est une syllepse. — 5. Souscrire : « signer au bas de quelque chose » (*Dict.* de Furetière, 1690); donc, signer l'ordre d'exécution. — 6. Celle des sénateurs : voir le v. 1362.

●●

- **L'action** nous réserve des surprises : Néron vient d'affirmer à sa mère qu'il se réconcilie avec Britannicus, Burrhus le croit. A ce moment le spectateur apprend les véritables intentions de Néron. L'effet de contraste est très dramatique.
  — Burrhus nous a habitués à des protestations inutiles ou à des efforts de conciliation. Or, à l'heure où le choix s'impose, il choisit : les v. 1325 et 1326 sont une attaque directe qui provoque un cri de stupeur de Néron. Mais l'énergie que Burrhus a puisée dans cette rebellion subite lui donne une audace qui va lui permettre de poursuivre son attaque.
- **La prière de Burrhus** suit de très près le texte du *de Clementia* de Sénèque (mais s'inspire aussi de Suétone). Les paroles de Burrhus n'en sont pas moins en situation. Qu'on en juge par la progression : Néron était vertueux (v. 1337-1342); il sera criminel (v. 1343-1354), après un long passé d'innocence (v. 1355-1376). C'est à l'imagination de son souverain que s'adresse Burrhus.

① La sincérité et l'habileté s'unissent dans cette prière. Comment?

●●

¹³⁷⁰ Votre cœur s'accusait de trop de cruauté;
Et, plaignant les malheurs attachés à l'Empire,
Je voudrais, disiez-vous, *ne savoir pas écrire*[1].
Non, ou vous me croirez, ou bien de ce malheur
Ma mort m'épargnera la vue et la douleur.
¹³⁷⁵ On ne me verra point survivre à votre gloire.
Si vous allez commettre une action si noire,
    (*Se jetant aux pieds de Néron*)
Me voilà prêt, Seigneur : avant que de[2] partir,
Faites percer ce cœur qui n'y peut consentir;
Appelez les cruels qui vous l'ont inspirée :
¹³⁸⁰ Qu'ils viennent essayer leur main mal assurée.
Mais je vois que mes pleurs touchent mon empereur;
Je vois que sa vertu frémit de leur fureur.
Ne perdez point de temps, nommez-moi les perfides
Qui vous osent donner ces conseils parricides[3].
¹³⁸⁵ Appelez votre frère, oubliez dans ses bras...

NÉRON. — Ah! que demandez-vous?

BURRHUS. —   Non, il ne vous hait pas,
Seigneur; on le trahit : je sais son innocence;
Je vous réponds pour lui de son obéissance.
J'y cours. Je vais presser un entretien si doux.

NÉRON. ¹³⁹⁰ Dans mon appartement qu'il m'attende avec vous.

SCÈNE IV. — NÉRON, NARCISSE.

NARCISSE. — Seigneur, j'ai tout prévu pour une mort si juste.
Le poison est tout prêt. La fameuse Locuste[4]
A redoublé pour moi ses soins officieux[5] :
Elle a fait expirer un esclave[6] à mes yeux;
¹³⁹⁵ Et le fer est moins prompt, pour trancher une vie,
Que le nouveau poison que sa main me confie.

NÉRON. — Narcisse, c'est assez; je reconnais[7] ce soin[8],
Et ne souhaite pas que vous alliez plus loin.

NARCISSE. — Quoi? pour Britannicus votre haine affaiblie
¹⁴⁰⁰ Me défend...

---

1. Anecdote empruntée à Sénèque, *de Clementia*. — 2. Avant de. — 3. Parricide : « Celui qui tue son père. Se dit aussi, par extension, de celui qui a tué sa mère, son frère, ses enfants, etc... » (*Dict. de l'Acad.*, 1694). — 4. Empoisonneuse célèbre « condamnée depuis peu pour empoisonnement [celui de Claude : voir le v. 1183]; et qui fut longtemps un instrument du pouvoir », selon Tacite, XII, 46. — 5. Obligeants. — 6. Suétone ne parle que d'animaux : voir p. 120. — 7. Je suis reconnaissant de. — 8. Cette sollicitude.

NÉRON.	—	Oui, Narcisse, on[1] nous réconcilie.

NARCISSE. — Je me garderai bien de vous en détourner,
Seigneur; mais il s'est vu tantôt emprisonner :
Cette offense en son cœur sera longtemps nouvelle[2].
Il n'est point de secrets que le temps ne révèle :
1405 Il saura que ma main[3] lui devait présenter[4]
Un poison que votre ordre avait fait apprêter.
Les Dieux de ce dessein puissent-ils le distraire[5] !
Mais peut-être il fera ce que vous n'osez faire.

NÉRON. — On répond de son cœur; et je vaincrai le mien.

NARCISSE. —1410 Et l'hymen de Junie en[6] est-il le lien ?
Seigneur, lui faites-vous encor[7] ce sacrifice ?

NÉRON. — C'est prendre trop de soin. Quoi qu'il en soit, Narcisse,
Je ne le compte plus parmi mes ennemis.

NARCISSE. — Agrippine, Seigneur, se l'était bien promis :
1415 Elle a repris sur vous son souverain empire.

NÉRON. — Quoi donc ? Qu'a-t-elle dit ? Et que voulez-vous dire ?

NARCISSE. — Elle s'en est vantée assez publiquement.

NÉRON. — De quoi ?

NARCISSE. — Qu'elle n'avait qu'à vous voir un moment :
Qu'à tout ce grand éclat, qu'à ce courroux funeste
1420 On verrait succéder un silence modeste;
Que vous-même à la paix souscririez le premier,
Heureux que sa bonté daignât tout oublier.

NÉRON. — Mais, Narcisse, dis-moi[8], que veux-tu que je fasse ?
Je n'ai que trop de pente à punir son audace;

---

1. Narcisse apprend ainsi que la décision de Néron n'est pas spontanée; l'empereur semble l'inviter à la combattre. — 2. Toute fraîche, comme si elle était de la veille. — 3. *Ma main, votre ordre* (v. 1406) : l'exécutant et le véritable auteur sont mis en relief par les deux possessifs. — 4. Devait lui présenter : voir p. 27, n. 7. — 5. Le détourner. — 6. *En* : de votre réconciliation. — 7. En outre : le mot est ironique. — 8. Le tutoiement marque le moment de la confidence; la distance s'efface (voir les v. 409-411).

▪▪

● **Les personnages**
— NÉRON est un monstre, mais il y a des instants où il se montre accessible aux sentiments humains. Peut-être a-t-il été effrayé par les dangers que lui montrait Burrhus. Une émotion sincère ne s'en est pas moins éveillée en lui quand il a vu son précepteur à ses pieds.
— NARCISSE éprouve la satisfaction paisible d'un travail bien fait. Ses premiers vers sont d'une ironie glaciale. Il salue la justice, pour commencer, ce Tartuffe empoisonneur. Puis, il promet un crime parfait.
① **L'intérêt dramatique** — L'arrivée de Narcisse est-elle un hasard ?

▪▪

1425 Et si je m'en croyais, ce triomphe indiscret[1]
Serait bientôt suivi d'un éternel regret.
Mais de tout l'univers quel sera le langage?
Sur les pas des tyrans veux-tu que je m'engage,
Et que Rome, effaçant tant de titres d'honneur,
1430 Me laisse pour tous noms celui d'empoisonneur?
Ils[2] mettront ma vengeance au rang des parricides[3].

NARCISSE. — Et prenez-vous, Seigneur, leurs caprices pour guides?
Avez-vous prétendu[4] qu'ils se tairaient toujours?
Est-ce à vous de prêter l'oreille à leurs discours?
1435 De vos propres désirs perdrez-vous la mémoire?
Et serez-vous le seul que vous n'oserez croire?
Mais, Seigneur, les Romains ne vous sont pas connus.
Non, non, dans leurs discours ils sont plus retenus[5].
Tant de précaution affaiblit votre règne[6] :
1440 Ils croiront, en effet[7], mériter qu'on les craigne.
Au joug depuis longtemps ils se sont façonnés :
Ils adorent la main qui les tient enchaînés.
Vous les verrez toujours ardents à vous complaire.
Leur prompte[8] servitude a fatigué Tibère[9].
1445 Moi-même revêtu d'un pouvoir emprunté,
Que je reçus de Claude avec la liberté,
J'ai cent fois, dans le cours de ma gloire passée,
Tenté leur patience, et ne l'ai point lassée.
D'un empoisonnement vous craignez la noirceur?
1450 Faites périr le frère, abandonnez la sœur :
Rome, sur ses autels[10] prodiguant les victimes,
Fussent-ils innocents, leur trouvera des crimes;
Vous verrez mettre au rang des jours infortunés[11]
Ceux où jadis la sœur et le frère sont nés[12].

NÉRON. — 1455 Narcisse, encore un coup, je ne puis l'entreprendre[13].
J'ai promis à Burrhus, il a fallu me rendre.
Je ne veux point encore, en lui manquant de foi[14],
Donner à sa vertu des armes contre moi.

---

1. Sans mesure. Indiscret : « qui agit par passion, sans considérer ce qu'il dit ou ce qu'il fait... » (*Dict.* de Furetière, 1690). — 2. Les Romains (dont l'idée est contenue dans le mot *Rome*, au v. 1429). — 3. Voir le v. 1384. — 4. Cru, espéré. — 5. Réservés (et même craintifs). — 6. Votre pouvoir. — 7. En fait. — 8. Prompt : toujours à la disposition de; « qui est prêt à faire quelque chose sans tarder » (*Dict.* de Furetière, 1690). — 9. « Tibère [...] s'écriait : *O hommes prêts à tout esclavage!* Ainsi, celui même qui ne voulait pas de la liberté publique voyait avec dégoût leur abjection servile et si patiente » (*Annales*, III, 65). — 10. Variante : « sur les autels ». — 11. Il s'agit des jours décrétés néfastes, marquant l'anniversaire d'un événement malheureux. — 12. « Autant que le prince ordonna d'exils ou d'assassinats, autant de fois on rendit grâce aux dieux » (*Annales*, XIV, 64). —13. Le crime. — 14. De parole.

J'oppose à ses raisons un courage inutile :
1460 Je ne l'écoute point avec un cœur tranquille.

NARCISSE.   — Burrhus ne pense pas, Seigneur, tout ce qu'il dit :
Son adroite vertu ménage son crédit;
Ou plutôt ils n'ont tous[1] qu'une même pensée :
Ils verraient par ce coup leur puissance abaissée;
1465 Vous seriez libre alors, Seigneur; et devant vous
Ces maîtres orgueilleux fléchiraient comme nous.
Quoi donc? Ignorez-vous tout ce qu'ils osent dire?
Néron, s'ils en sont crus, n'est point né pour l'Empire;
Il ne dit, il ne fait que ce qu'on lui prescrit :
1470 *Burrhus conduit son cœur, Sénèque son esprit.*
Pour toute ambition, pour vertu singulière[2],
Il excelle à conduire un char dans la carrière[3],
A disputer des prix indignes de ses mains,
A se donner lui-même en spectacle aux Romains,
1475 *A venir prodiguer sa voix sur un théâtre[4],*
A réciter des chants qu'il veut qu'on idolâtre,
Tandis que des soldats, de moments en moments,
Vont arracher pour lui les applaudissements.
Ah! ne voulez-vous pas les forcer à se taire?

NÉRON.   1480 Viens, Narcisse. Allons voir ce que nous devons faire.

---

1. Tous ceux dont la présence contrarie les désirs de Néron. — 2. Qui n'appartient qu'à lui. — 3. Voir *Annales*, XIV, 14. — 4. On a pu penser que ce vers avait détourné Louis XIV de paraître sur la scène; en fait, le Roi y avait renoncé dès avant *Britannicus*.

██

- **Le tentateur** — 1. Les motifs : la méchanceté de Narcisse n'est pas gratuite (v. 1401-1408); il a joué auprès de Britannicus le rôle du traître; il risque d'être découvert si Néron se réconcilie avec Britannicus.
2. Les moyens. Il fait appel à la peur : Britannicus peut vouloir se venger; à la jalousie (v. 1410); à la haine de Néron pour sa mère (v. 1415); à la vanité (v. 1417, 1418-1420). C'est ce dernier argument qui l'emporte.
3. La manière : respectueuse et insinuante quand il s'agit de Britannicus (v. 1401-1408); ironique (une flèche au passage) quand il s'agit de Junie (v. 1410-1411); dédaigneuse, imitant la manière d'Agrippine, quand il s'agit d'elle (v. 1418-1422); véhémente et passionnée quand il s'agit de railler le respect de l'empereur pour la vertu romaine (v. 1441-1448), de jeter la suspicion sur Burrhus (v. 1461-1462) et d'exciter la colère de Néron, blessé dans sa vanité par un argument que Burrhus n'avait pas prévu (v. 1477-1478). Voir le jugement de P. Souday, p. 123.

- **La défaite de Néron** — On peut la prévoir dès les premiers mots. Ce qui nous surprend, c'est la durée de sa résistance. En fait, on doit considérer qu'il ne se rendra que quand il aura entendu tout ce qu'il veut entendre. Il désire que l'on efface l'image de Burrhus à ses pieds.
① Montrez que la manière dont Néron capitule est conforme à son caractère et dites si elle a une valeur dramatique.

Le dénouement et la catastrophe — J. Scherer écrit (*op. cit.* p. 125-128), à propos du dénouement : « Il commence quand finit le nœud, à l'instant où le dernier obstacle est éliminé, ou quand survient la dernière péripétie. » Plus loin, il précise : « Le dénouement d'une pièce de théâtre comprend l'élimination du dernier obstacle, ou la dernière péripétie et les événements qui peuvent en résulter : ces événements sont parfois désignés par le terme de catastrophe. »

Dans *Britannicus*, le dernier obstacle est éliminé avant le début de l'acte V. Cet obstacle, c'est la suprême hésitation de Néron, dernière péripétie véritable. En effet, à la fin du troisième acte, l'action paraît bien nouée : l'ordre de mort est donné pendant l'entracte. L'entrevue avec Agrippine (si elle est essentielle pour la révélation totale de l'ambitieuse déchue) a pour seul résultat pratique d'affermir encore Néron dans la décision qu'il annonce à Burrhus — donc aux spectateurs. Ainsi, la dernière péripétie enveloppe la scène entre Néron et Burrhus (recul de Néron) et la scène entre Néron et Narcisse (retour de Néron à sa décision antérieure). Nous avons là un exemple du rôle de l'acte IV dans la tragédie racinienne, tel qu'il est signalé (p. 265) dans l'ouvrage déjà cité de Le Bidois : « Le quatrième acte a, dans la tragédie de Racine, une très grande importance. Ce n'est donc plus, comme à l'ordinaire chez Corneille, sur le seul acte de la fin que s'oriente le plan du drame, mais sur les deux derniers [...]. Le dénouement ainsi compris occupe donc deux actes : le cinquième et dernier où se couronne sa brutale exécution [...], le quatrième où s'élabore sa germination spirituelle. »

La « germination spirituelle » — Si la situation apparente est la même à la fin de l'acte IV qu'à la fin de l'acte III, c'est seulement à la fin de l'acte IV que se conclut le drame primordial qui a pour théâtre Néron lui-même. Sa décision antérieure pouvait être l'effet de la colère et de la jalousie. Il n'avait pas fait le tour de son crime. Son cri de rage du v. 1315 exprimait ses instincts. Quand il prononce le dernier vers de l'acte IV, d'apparence encore hésitant, nous savons définitivement qu'il ne peut et qu'il ne pourra jamais résister à ces instincts. Il lui fallait entendre la voix de la raison, subir la tentation de la vertu, et même y céder un instant. Il en retombe plus bas. La défaite de Burrhus par Narcisse est indispensable pour mettre en lumière la fatalité du crime chez Néron, donc pour donner son vrai sens au dénouement et à l'œuvre tout entière.

▶

Scène d'amour entre Junie (Joëlle Larivière) et Britannicus (Jean-Pierre Panty) dans la mise en scène de Gérard Lesur à la Cité Universitaire en 1977.

ACTE V

Scène première. — BRITANNICUS, JUNIE.

BRITANNICUS. — Oui, Madame[1], Néron (qui l'aurait pu penser?)
　　　　　　Dans son appartement m'attend pour m'embrasser[2].
　　　　　　Il y fait de sa cour inviter la jeunesse;
　　　　　　Il veut que d'un festin la pompe et l'allégresse
1485　　　　Confirment à leurs[3] yeux la foi[4] de nos serments,
　　　　　　Et réchauffent l'ardeur de nos embrassements;
　　　　　　Il éteint cet amour[5], source de tant de haine;
　　　　　　Il vous fait de mon sort arbitre souveraine.
　　　　　　Pour moi, quoique banni du rang de mes aïeux,
1490　　　　Quoique de leur dépouille[6] il se pare à mes yeux,
　　　　　　Depuis qu'à mon amour cessant d'être contraire
　　　　　　Il semble me céder la gloire de vous plaire,
　　　　　　Mon cœur, je l'avoûrai[7], lui pardonne en secret,
　　　　　　Et lui laisse le reste[8] avec moins de regret.
1495　　　　Quoi! je ne serai plus séparé de vos charmes?
　　　　　　Quoi! même en ce moment je puis voir sans alarmes
　　　　　　Ces yeux que n'ont émus ni soupirs ni terreur,
　　　　　　Qui m'ont sacrifié l'Empire et l'Empereur?
　　　　　　Ah! Madame. Mais quoi! quelle nouvelle crainte
1500　　　　Tient parmi mes transports[9] votre joie en contrainte?
　　　　　　D'où vient qu'en m'écoutant[10], vos yeux, vos tristes
　　　　　　　　　　　　　　　　　　　　　　　　　　[yeux
　　　　　　Avec de longs regards se tournent vers les cieux?
　　　　　　Qu'est-ce que vous craignez?

JUNIE. —　　　　　　　　　　　　Je l'ignore moi-même;
　　　　　　Mais je crains.

BRITANNICUS. —　　　　　Vous m'aimez?

JUNIE. —　　　　　　　　　　　　Hélas![11] si je vous aime?

BRITANNICUS.-1505 Néron ne trouble plus notre félicité.

JUNIE. — Mais me répondez-vous de sa sincérité?

BRITANNICUS. — Quoi? vous le soupçonnez d'une haine couverte[12]?

JUNIE. — Néron m'aimait tantôt, il jurait votre perte;

---

1. Même début qu'à l'acte IV. — 2. « J'embrasse mon rival, mais c'est pour l'étouffer » (v. 1314). — 3. Aux yeux des convives, dont l'idée est contenue dans le mot *festin* (v. 1484). — 4. La loyauté. — 5. Son amour pour Junie. — 6. Succession. — 7. Voir le v. 243. — 8. Le pouvoir. — 9. Transports de joie. — 10. Pendant que vous m'écoutez : voir le v. 46. — 11. L'anxiété de Junie naît précisément de son amour. — 12. Couvert : « dissimulé, caché » (*Dict. de l'Acad.*, 1694).

Il me fuit, il vous cherche : un si grand changement
1510 Peut-il être, Seigneur, l'ouvrage d'un moment?

BRITANNICUS. — Cet ouvrage, Madame, est un coup[1] d'Agrippine :
Elle a cru que ma perte entraînait sa ruine.
Grâce aux préventions[2] de son esprit jaloux,
Nos plus grands ennemis ont combattu pour nous.
1515 Je m'en fie aux transports qu'elle m'a fait paraître;
Je m'en fie à Burrhus; j'en crois même son maître :
Je crois qu'à mon exemple, impuissant à trahir,
Il hait à cœur ouvert ou cesse de haïr.

JUNIE. — Seigneur, ne jugez pas de son cœur par le vôtre :
1520 Sur des pas[3] différents vous marchez l'un et l'autre.
Je ne connais Néron et la cour que d'un jour[4];
Mais (si je l'ose dire), hélas! dans cette cour
Combien tout ce qu'on dit est loin de ce qu'on pense!
Que la bouche et le cœur sont peu d'intelligence[5]!
1525 Avec combien de joie on y trahit sa foi[6]!
Quel séjour étranger et pour vous et pour moi!

BRITANNICUS. — Mais que son amitié soit véritable ou feinte,
Si vous craignez Néron, lui-même est-il sans crainte?

---

1. Coup « se dit aussi des actions héroïques, hardies et extraordinaires, soit en bien, soit en mal » (*Dict.* de Furetière, 1690). — 2. Craintes préconçues. — 3. Chemins. — 4. Depuis un jour. — 5. En accord : voir le v. 1311. — 6. Sa parole.

● **La confiance de Britannicus** — « Le malheur » (voir plus bas le texte d'Alain) n'est pas, en cet instant, « attendu » par Britannicus mais par le spectateur. C'est donc la montée de l'angoisse qui constitue la source de l'intérêt.

① M. Thierry Maulnier dit des jeunes gens raciniens qu'ils peuvent être « braves comme Xipharès, niais comme Britannicus ». Que pensez-vous de cette formule?

② Étudiez le style de la première réplique de Britannicus : *a)* Conformité du langage au personnage; *b)* Figures de style.

③ Commentez ce jugement de Francisque Sarcey : « Britannicus est un sot. »

④ Expliquez et commentez ces propos d'Alain (*Vingt leçons sur les Beaux-Arts*, IX, Pléiade, p. 533) : « Le tragique n'est pas dans le malheur réel et imprévu, qui nous vide aussitôt de pensées, mais au contraire dans le malheur attendu, dont on entend les pas, qui arrivera, qui est déjà arrivé, qui fera son entrée comme un acteur. »

Non, non, il n'ira point, par un lâche attentat,
1530 Soulever contre lui le peuple et le sénat.
Que dis-je? Il reconnaît sa dernière injustice.
Ses remords ont paru même aux yeux de Narcisse.
Ah! s'il vous avait dit, ma Princesse, à quel point...

JUNIE. — Mais Narcisse, Seigneur, ne vous trahit-il point?

BRITANNICUS.—1535 Et pourquoi voulez-vous que mon cœur s'en défie?

JUNIE. — Et que sais-je? Il y va, Seigneur, de votre vie.
Tout m'est suspect : je crains que tout ne soit séduit[1];
Je crains Néron; je crains le malheur qui me suit.
D'un noir pressentiment malgré moi prévenue[2],
1540 Je vous laisse à regret éloigner[3] de ma vue.
Hélas! si cette paix dont vous vous repaissez
Couvrait contre vos jours quelques pièges dressés!
Si Néron, irrité de notre intelligence[4],
Avait choisi la nuit pour cacher sa vengeance!
1545 S'il préparait ses coups, tandis que je vous vois!
Et si je vous parlais pour la dernière fois!
Ah! Prince.

BRITANNICUS. —   Vous pleurez! Ah! ma chère Princesse!
Et pour moi jusque-là votre cœur s'intéresse?
Quoi! Madame, en un jour où plein de sa grandeur,
1550 Néron croit éblouir vos yeux de sa splendeur,
Dans des lieux où chacun me fuit et le révère,
Aux pompes de sa cour préférer ma misère[5]!
Quoi! dans ce même jour et dans ces mêmes lieux,
Refuser un empire, et pleurer à mes yeux!
1555 Mais, Madame, arrêtez ces précieuses larmes;
Mon retour à bientôt dissiper vos alarmes.
Je me rendrais suspect par un plus long séjour[6].
Adieu : je vais, le cœur tout plein de mon amour,
Au milieu des transports d'une aveugle[7] jeunesse,
1560 Ne voir, n'entretenir que ma belle Princesse.
Adieu.

JUNIE. —   Prince...

BRITANNICUS. —   On m'attend, Madame, il faut partir.

JUNIE. — Mais du moins attendez qu'on vous vienne avertir[8].

---

1. Détourné du devoir : voir le v. 184. — 2. « Dominée par des idées préconçues » (*Dict. de l'Acad.*, 1694). — 3. Vous éloigner; voir le v. 612. — 4. Notre entente. — 5. Mon malheur; voir le v. 296. — 6. Retard. — 7. *Aveugle* s'explique par le vers suivant : il faut être aveugle pour voir autre chose que Junie. — 8. Qu'on vienne vous avertir : voir p. 27, n. 7.

SCÈNE II. — AGRIPPINE, BRITANNICUS, JUNIE.

AGRIPPINE. — Prince, que[1] tardez-vous? Partez en diligence[2] :
Néron impatient se plaint de votre absence.
1565 La joie et le plaisir de tous les conviés
Attend[3] pour éclater que vous vous embrassiez.
Ne faites point languir une si juste envie :
Allez. Et nous, Madame, allons chez Octavie.

BRITANNICUS. — Allez, belle Junie, et d'un esprit content
1570 Hâtez-vous d'embrasser ma sœur qui vous attend.
Dès que je le pourrai, je reviens sur vos traces,
Madame[4]; et de vos soins[5] j'irai vous rendre grâces.

SCÈNE III. — AGRIPPINE, JUNIE.

AGRIPPINE. — Madame, ou je me trompe, ou durant vos adieux
Quelques pleurs répandus ont obscurci vos yeux.
1575 Puis-je savoir quel trouble a formé ce nuage?
Doutez-vous d'une paix dont je fais mon ouvrage?

JUNIE. — Après tous les ennuis[6] que ce jour m'a coûtés,

1. Pourquoi. — 2. Promptement. — 3. Nous dirions « attendent »; cf. p. 31, n. 1. —
4. Les deux derniers vers de la réplique s'adressent à Agrippine. — 5. Votre sollicitude
(l'appui qu'elle a donné à Britannicus et à Junie). — 6. Tourments insupportables : sens
très fort; cependant, le XVIIᵉ siècle connaît déjà le sens moderne du mot.

● **L'ordre harmonieux** — Simple et droit, le raisonnement de Junie,
dans la première scène. Notez la perfection des proportions dans les v. 1508-
1510 : un vers et demi pour énoncer les faits, un vers et demi pour en
tirer la conclusion; la composition du détail est aussi parfaite que celle
des ensembles; c'est un aspect de « la perfection des rapports » que louait
Mᵐᵉ de Sévigné dans *Esther*. (Voir l'article de Jean Paulhan cité dans
le livre de René Nelli *Poésie ouverte, poésie fermée*, 1947, et ce livre lui-
même, p. 115 et 117). « Un ordre si harmonieux et si bien concerté qu'il
influe encore sur notre imagination souterraine [...]. Le beau langage,
dans la tragédie, par exemple, n'avait pour tâche que de soutenir des
rapports plus beaux que les mots ».

● **La tendresse** — M. Thierry Maulnier signale (*Racine*, p. 214) une nuance
de dureté et de sécheresse chez les jeunes filles de Racine. Mais la tendresse est toujours présente dans l'amour partagé, en même temps que
le dévouement. Monime, répliquant à Mithridate, ne songe qu'à
sauver Xipharès. Junie, bravant Néron, a montré que la source de son
amour était dans sa pitié pour le déshérité.

● **Le pressentiment** repose sur l'idée d'une prédestination au malheur
(v. 1538).
① Étudiez la progression de l'inquiétude dans les v. 1536-1546.

103

Ai-je pu rassurer mes esprits[1] agités ?
Hélas ! à peine encor je conçois ce miracle.

1580 Quand même à vos bontés je craindrais quelque
[obstacle,
Le changement[2], Madame, est commun à la cour ;
Et toujours quelque crainte accompagne l'amour.

AGRIPPINE. — Il suffit. J'ai parlé, tout a changé de face.
Mes soins à vos soupçons ne laissent point de place.
1585 Je réponds d'une paix jurée entre mes mains :
Néron m'en a donné des gages trop certains.
Ah ! si vous aviez vu par combien de caresses[3]
Il m'a renouvelé la foi[4] de ses promesses !
Par quels embrassements il vient de m'arrêter !
1590 Ses bras, dans nos adieux, ne pouvaient me quitter ;
Sa facile[5] bonté, sur son front répandue,
Jusqu'aux moindres secrets est d'abord descendue.
Il s'épanchait en fils, qui vient en liberté
Dans le sein de sa mère oublier sa fierté.
1595 Mais bientôt, reprenant un visage sévère,
Tel que d'un empereur[6] qui consulte sa mère,
Sa confidence auguste a mis entre mes mains
Des secrets d'où dépend le destin des humains.
Non, il le faut ici confesser à sa gloire,
1600 Son cœur n'enferme point une malice[7] noire ;
Et nos seuls ennemis[8], altérant[9] sa bonté,
Abusaient contre nous de sa facilité[10].
Mais enfin, à son tour, leur puissance décline ;
Rome encore une fois va connaître Agrippine :
1605 Déjà de ma faveur on adore le bruit[11].
Cependant en ces lieux n'attends pas la nuit.
Passons chez Octavie, et donnons-lui le reste
D'un jour autant[12] heureux que je l'ai cru funeste.
Mais qu'est-ce que j'entends ? Quel tumulte confus ?
1610 Que peut-on faire ?

JUNIE. — Ô Ciel ! sauvez Britannicus !

---

1. Voir le v. 293. — 2. Il y a une ellipse : après *obstacle*, il faut sous-entendre « ce serait une crainte raisonnable, car... ». — 3. Racine s'inspire d'un des plus beaux passages des *Annales* (XIV, 4). — 4. Sincérité. — 5. Complaisante : voir le v. 272. — 6. Tel que celui d'un empereur. — 7. « Méchanceté, inclination à nuire, à mal faire » (*Dict. de l'Acad.*, 1694). — 8. Nos ennemis seuls. — 9. Dénaturant. — 10. Voir le v. 1591. — 11. La nouvelle qui se répand ; le bruit : « veut dire encore réputation, renom » (*Dict. de l'Acad.*, 1694). — 12. Aussi : l'usage classique permettait de mettre *tant* et *autant* devant les adjectifs et les adverbes aussi bien que devant les verbes.

Scène IV. — AGRIPPINE, JUNIE, BURRHUS.

AGRIPPINE. — Burrhus, où courez-vous? Arrêtez. Que veut dire...

BURRHUS. — Madame, c'en est fait, Britannicus expire.

JUNIE. — Ah! mon Prince.

AGRIPPINE.   Il expire?

BURRHUS.   Ou plutôt il est mort,
Madame.

JUNIE.   Pardonnez, Madame, à ce transport[1].
1615 Je vais le secourir, si je puis, ou le suivre.

Scène V. — AGRIPPINE, BURRHUS.

AGRIPPINE. — Quel attentat, Burrhus!

BURRHUS.   Je n'y pourrai survivre,
Madame : il faut quitter la cour et l'Empereur.

AGRIPPINE. — Quoi? du sang de son frère il n'a point eu d'horreur?

BURRHUS. — Ce dessein s'est conduit avec plus de mystère[2].
1620 A peine l'Empereur a vu venir son frère,
Il se lève, il l'embrasse, on se tait, et soudain
César prend le premier une coupe à la main :

---

1. Transport de douleur et non de joie comme au v. 1500. — 2. Réponse aux mots *du sang de son frère* (v. 1618). Le moyen a été plus mystérieux qu'Agrippine ne le suppose.

● **Agrippine** — Racine a su faire, de la scène 3, une scène de premier plan à la fois pour le tragique et pour la peinture des caractères, les deux intérêts étant concentrés dans la dernière réplique d'Agrippine (v. 1583-1609).
— L'ironie tragique : Agrippine chante sa victoire pendant que, tout près d'elle, Britannicus boit le poison. Tout ce qu'elle dit en ce moment va apparaître (et apparaît déjà au spectateur) d'une futilité lamentable.
— La peinture des caractères : G. Lanson appelle l'attention sur « cette vivacité d'impression et cette sensibilité toujours excessive qui [jette Agrippine] tout entière d'un côté ou de l'autre. » Le résultat, c'est que cette femme, naguère experte aux pièges et aux crimes, se montre, dans cette scène, d'une candeur puérile. L'épanchement, l'emphase et la pompe, les petites scènes que revit l'imagination d'Agrippine, les exclamations victorieuses traduisent une âme vaine, enivrée des signes de la puissance, et d'une crédulité qui ne peut qu'affermir le spectateur dans son attente du crime.

① Comment vous expliquez-vous la « candeur puérile » d'Agrippine?

> *Pour achever ce jour sous de meilleurs auspices[1],*
> *Ma main de cette coupe épanche[2] les prémices[3].*
> 1625 Dit-il; *Dieux, que j'appelle à cette effusion[4],*
> *Venez favoriser notre réunion[5].*
> Par les mêmes serments Britannicus se lie.
> La coupe dans ses mains par Narcisse est remplie;
> Mais ses lèvres à peine en ont touché les bords,
> 1630 Le fer[6] ne produit point de si puissants efforts[7],
> Madame : la lumière à ses yeux est ravie,
> Il tombe sur son lit[8] sans chaleur et sans vie.
> Jugez combien ce coup frappe tous les esprits :
> La moitié s'épouvante et sort avec des cris;
> 1635 Mais ceux qui de la cour ont un plus long usage
> Sur les yeux de César[9] composent leur visage.
> Cependant sur son lit il[10] demeure penché;
> D'aucun étonnement il ne paraît touché :
> *Ce mal[11] dont vous craignez*, dit-il, *la violence*
> 1640 *A souvent sans péril attaqué son enfance.*
> Narcisse veut en vain affecter quelque ennui[12],
> Et sa perfide joie éclate malgré lui.
> Pour moi, dût l'Empereur punir ma hardiesse,
> D'une odieuse cour j'ai traversé la presse[13];
> 1645 Et j'allais, accablé de cet assassinat,
> Pleurer Britannicus, César et tout l'État.

AGRIPPINE.   — Le voici. Vous verrez si c'est moi qui l'inspire[14].

SCÈNE VI. — AGRIPPINE, NÉRON, BURRHUS, NARCISSE.

NÉRON, *voyant Agrippine.*
  — Dieux[15]!

AGRIPPINE.   —   Arrêtez, Néron; j'ai deux mots à vous dire.
> Britannicus est mort, je reconnais les coups;
> 1650 Je connais l'assassin.

---

1. Présages que les Romains tiraient du vol des oiseaux, de leur chant et de la manière dont ils mangeaient. — 2. Verse. — 3. Premières gouttes d'une boisson, offertes aux dieux, commes les premiers fruits de la terre. — 4. « Épanchement (voir le v. 1624) de choses liquides » (*Dict.* de Furetière, 1690). — 5. Réconciliation : voir le v. 264. — 6. Métonymie pour : le poignard; la phrase s'arrête un instant : effet saisissant de concision. — 7. « Ouvrage produit par une action où on s'est efforcé de faire tout ce qu'on pouvait » (*Dict. de l'Acad.*, 1694); ici, effets violents. — 8. Lit de table en usage chez les Romains. — 9. D'après l'attitude de Néron. — 10. Néron. — 11. L'épilepsie. — 12. Douleur. — 13. La foule. — 14. On trouvera, en appendice (p. 114), une scène de douze vers entre Néron et Junie, que Racine a supprimée sur les conseils de Boileau. — 15. Terreur de Néron : on se rappelle son aveu (v. 506) : *Mon génie étonné tremble devant le sien.*

NÉRON.	—	Et, qui, Madame?
AGRIPPINE.	—	Vous.

NÉRON. — Moi! voilà les soupçons dont vous êtes capable.
Il n'est point de malheurs dont je ne sois coupable;
Et si l'on veut, Madame, écouter vos discours,
Ma main de Claude[1] même aura tranché les jours.
1655 Son fils vous était cher : sa mort peut vous confondre[2];
Mais des coups du destin je ne puis pas répondre.

AGRIPPINE. — Non, non, Britannicus est mort empoisonné :
Narcisse a fait le coup[3], vous l'avez ordonné.

NÉRON. — Madame! Mais qui peut vous tenir ce langage?

NARCISSE. —1660 Hé! Seigneur, ce soupçon vous fait-il tant d'outrage?
Britannicus, Madame, eut des desseins secrets
Qui vous auraient coûté de plus justes[4] regrets.
Il aspirait plus loin qu'à l'hymen de Junie :
De vos propres bontés il vous aurait punie.
1665 Il vous trompait vous-même; et son cœur offensé[5]
Prétendait tôt ou tard rappeler[6] le passé.
Soit donc que, malgré vous, le sort vous ait servie,
Soit qu'instruit des complots qui menaçaient sa vie,
Sur[7] ma fidélité César s'en soit remis,
1670 Laissez les pleurs, Madame, à vos seuls ennemis.
Qu'ils mettent ce malheur au rang des plus sinistres.
Mais vous...

---

1. Voir à l'acte IV (v. 1180) l'aveu d'Agrippine. — 2. « Troubler, mettre en désordre, étonner, surprendre tout à fait » (*Dict.* de Richelet, 1680). — 3. Voir le v. 1511. — 4. Des regrets plus justes que ceux de sa mort : voir le v. 1391. — 5. Variante : « Madame, il vous trompait et son cœur offensé... » — 6. Ranimer, faire revivre. — 7. S'en remettre *sur*, s'en remettre *à :* les deux constructions sont indifféremment employées par Racine.

▪▪

- **Le récit** — Lisez (p. 119 et suiv.) le récit de la mort de Britannicus dans Tacite et dans Suétone. Relevez le détail important du récit de Tacite qui a été supprimé par Racine et expliquez les raisons de cette suppression.

- **Le spectacle parlé** — « Ces récits qui suppléent à des spectacles peuvent devenir, par le jeu de l'acteur, le plus animé, le plus attachant des spectacles », selon G. Le Bidois. Le récit de Burrhus comprend une série de scènes rapides et vivantes avec toute la lumière sur le personnage. Nous entendons Néron, le seul dont Burrhus rapporte les paroles : aucun commentaire sur son attitude. Il viendra aux v. 1709-1712. Pour l'instant, les faits suffisent.

① Imaginez la manière dont ce récit doit être dit pour qu'il devienne « le plus attachant des spectacles ».

▪▪

AGRIPPINE. —   Poursuis, Néron, avec de tels ministres.
Par des faits[1] glorieux tu te vas signaler[2].
Poursuis. Tu n'as pas fait ce pas pour reculer.
1675 Ta main a commencé par le sang de ton frère ;
Je prévois que tes coups viendront jusqu'à ta mère.[3]
Dans le fond de ton cœur je sais que tu me hais ;
Tu voudras t'affranchir du joug de mes bienfaits.
Mais je veux que ma mort te soit même inutile.
1680 Ne crois pas qu'en mourant je te laisse tranquille.
Rome, ce ciel, ce jour que tu reçus de moi,
Partout, à tout moment, m'offriront devant toi[4].
Tes remords te suivront comme autant de furies[5] ;
Tu croiras les calmer par d'autres barbaries ;
1685 Ta fureur, s'irritant soi-même[6] dans son cours,
D'un sang toujours nouveau marquera[7] tous tes jours.
Mais j'espère qu'enfin le Ciel, las de tes crimes,
Ajoutera ta perte à tant d'autres victimes ;
Qu'après t'être couvert de leur sang et du mien,
1690 Tu te verras forcé de répandre le tien ;
Et ton nom paraîtra, dans la race future,
Aux plus cruels tyrans une cruelle injure.
Voilà ce que mon cœur se présage de toi[8].
Adieu : tu peux sortir.

NÉRON. —   Narcisse, suivez-moi.

SCÈNE VII. — AGRIPPINE, BURRHUS.

AGRIPPINE. —1695 Ah Ciel ! de mes soupçons quelle était l'injustice !
Je condamnais Burrhus pour écouter Narcisse.
Burrhus, avez-vous vu quels regards furieux
Néron en me quittant m'a laissés pour adieux ?
C'en est fait : le cruel n'a plus rien qui l'arrête ;
1700 Le coup qu'on m'a prédit[9] va tomber sur ma tête.
Il vous accablera vous-même à votre tour.

---

1. Exploits. — 2. Voir p. 27, n. 7. — 3. *Annales*, XIII, 16 : « Elle comprenait bien [...] que c'était un degré vers le parricide. » — 4. Voir, dans les *Annales* (XIV, 10), l'évocation des terreurs de Néron. — 5. Déités qui poursuivaient les criminels : se souvenir de la dernière scène d'*Andromaque* où Oreste est en proie aux furies. — 6. Elle-même : l'usage classique (imitant le latin) mettait *soi*, même après un sujet indéterminé. — 7. Marquera d'une note d'infamie. — 8. Se promet à ton sujet. — 9. Allusion à la prédiction des Chaldéens, évoquée au v. 893. Agrippine mourra, assassinée par son fils, quatre ans plus tard. La mort de Burrhus surviendra trois ans après la sienne, « par la maladie ou le poison, on ne sait » (*Annales*, XIV, 51). Voir les textes historiques, p. 120.

BURRHUS. — Ah! Madame, pour moi j'ai vécu trop d'un jour[1].
Plût au Ciel que sa main, heureusement cruelle,
Eût fait sur moi l'essai de sa fureur nouvelle!
1705 Qu'il ne m'eût pas donné, par ce triste[2] attentat,
Un gage[3] trop certain des malheurs de l'État!
Son crime seul n'est pas ce qui me désespère;
Sa jalousie a pu l'armer contre son frère;
Mais s'il vous faut, Madame, expliquer ma douleur,
1710 Néron l'a vu mourir sans changer de couleur.
Ses yeux indifférents ont déjà la constance[4]
D'un tyran dans le crime endurci dès l'enfance.
Qu'il achève, Madame, et qu'il fasse périr
Un ministre importun qui ne le peut[5] souffrir.
1715 Hélas! loin de vouloir[6] éviter sa colère,
La plus soudaine mort me sera la plus chère.

SCÈNE VIII. — AGRIPPINE, BURRHUS, ALBINE.

ALBINE. — Ah! Madame, ah! Seigneur, courez vers l'Empereur :
Venez sauver César de sa propre fureur[7].
Il se voit pour jamais séparé de Junie.

---

1. Un jour de trop. — 2. Funeste : latin *tristis*. — 3. Une preuve. — 4. « Force d'esprit qui entretient toujours l'âme [...] en une même fermeté » (*Dict.* de Furetière, 1960); ici, impassibilité. — 5. Qui ne peut le souffrir : voir p. 27, n. 7. — 6. Loin que je veuille : voir le v. 46. — 7. Accès de folie (au figuré) : « se dit aussi de toutes les passions qui nous font agir avec de grands emportements » *(Dict.* de Furetière, 1690).

- **La lucidité d'Agrippine — Le présent.** La fille de Germanicus se retrouve dans cette scène. Sans essayer de ruser, sans feindre d'ignorer, elle attaque directement Néron et Narcisse. Le langage est si nu qu'il ne laisse place qu'à l'émotion dramatique, née du rappel sec et brutal des faits : *J'ai deux mots à vous dire* (v. 1648); *Narcisse a fait le coup* (v. 1658).
  L'avenir. Le spectateur connaît en général l'avenir sanglant de Néron. Une prophétie, qui serait excessive dans une vue purement réaliste de l'œuvre, n'est pas déplacée dans l'atmosphère du poème tragique. Il suffit que le présent porte déjà visiblement les signes de l'avenir et qu'ainsi les désastres annoncés soient vraisemblables. La mort d'Agrippine et le suicide de Néron achèveront le destin de la famille criminelle. Enfin, cette prédiction annonce les châtiments futurs des plus grands coupables, et contribue ainsi à la purification des passions.
- **L'audace de Narcisse** — L'empereur voudrait nier son crime. Narcisse lui enseigne les sophismes de justification qui permettront d'avouer le fait en lui ôtant tout caractère criminel. Il va même jusqu'à paraître vouloir convaincre Agrippine que c'est par égard pour elle qu'on a empoisonné Britannicus (v. 1661-1670).
- **La peur de Néron** — Pourquoi Néron a-t-il peur de sa mère? Est-ce son crime qui le tourmente? Analysez sa réplique de la sc. 6 (v. 1651-1656).

AGRIPPINE. _—1720 Quoi? Junie elle-même a terminé sa vie?

ALBINE. — Pour accabler César d'un éternel ennui[1],
Madame, sans mourir, elle est morte pour lui.
Vous savez de ces lieux comme[2] elle s'est ravie[3] :
Elle a feint de passer chez la triste[4] Octavie;
1725 Mais bientôt elle a pris des chemins écartés,
Où mes yeux ont suivi ses pas précipités.
Des portes du palais elle sort éperdue.
D'abord elle a d'Auguste aperçu la statue[5];
Et, mouillant de ses pleurs le marbre de ses[6] pieds,
1730 Que de ses bras pressants elle tenait liés :
Prince, par ces genoux, dit-elle, que j'embrasse[7],
Protège en ce moment le reste de ta race.
Rome dans ton palais vient de voir immoler
Le seul de tes neveux[8] *qui te pût ressembler.*
1735 *On veut après sa mort que je lui sois parjure;*
Mais pour lui conserver une foi[9] *toujours pure,*
Prince, je me dévoue[10] *à ces Dieux immortels*
Dont ta vertu t'a fait partager les autels[11].
Le peuple cependant[12], que ce spectacle étonne[13],
1740 Vole de toutes parts, se presse, l'environne,
S'attendrit à ses pleurs, et plaignant son ennui,
D'une commune voix la prend sous son appui.
Ils la mènent au temple, où depuis tant d'années
Au culte des autels nos vierges destinées
1745 Gardent fidèlement le dépôt précieux
Du feu toujours ardent qui brûle pour nos Dieux[14].
César les voit partir sans oser les distraire[15].
Narcisse, plus hardi, s'empresse pour lui plaire.
Il vole vers Junie et, sans s'épouvanter,
1750 D'une profane main commence à l'arrêter.
De mille coups mortels son audace est punie;
Son infidèle[16] sang rejaillit sur Junie.
César, de tant d'objets[17] en même temps frappé,
Le laisse entre les mains qui l'ont enveloppé.

---

1. Sens très fort : désespoir. — 2. Comment. — 3. S'est dérobée. — 4. Pour Octavie, c'est presque une épithète de nature. — 5. La statue d'Auguste était proche du temple de Vesta. — 6. Les *pleurs* et les *bras* (**v.** 1730) de Junie, les *pieds* d'Auguste. — 7. Attitude des suppliants. — 8. Tes descendants (latin : *nepotes*). — 9. Fidélité. — 10. Je me voue. — 11. Après sa mort, Auguste eut droit aux honneurs divins : l'apothéose; voir l'évocation de la cérémonie (pour Vespasien) dans *Bérénice*. — 12. Pendant ce temps. — 13. Émeut vivement. — 14. Le feu sacré du temple de Vesta : voir les explications de Racine dans sa seconde Préface (p. 32, l. 91-97). — 15. Détourner. — Il a été, tout au long de la pièce, l'image même de la trahison. — 17. Objet : « Ce qui est opposé [présenté] à notre vue [...] ce qui représente à notre imagination » (*Dict.* de Furetière, 1690).

1755 Il rentre. Chacun fuit son silence farouche[1].
Le seul nom de Junie échappe de sa bouche.
Il marche sans dessein; ses yeux mal assurés
N'osent lever au ciel leurs regards égarés;
Et l'on craint, si la nuit jointe à la solitude
1760 Vient de son désespoir aigrir[2] l'inquiétude[3],
Si vous l'abandonnez plus longtemps sans secours,
Que sa douleur bientôt n'attente sur ses jours[4].
Le temps presse : courez. Il ne faut qu'un caprice,
Il se perdrait[5], Madame.

AGRIPPINE. —   Il se ferait justice.
1765 Mais, Burrhus, allons voir jusqu'où vont ses transports[6].
Voyons quel changement produiront ses remords;
S'il voudra désormais suivre d'autres maximes[7].

BURRHUS. — Plût aux Dieux que ce fût le dernier de ses crimes!

---

1. « Tantôt silencieux et morne, plus souvent se relevant pris de panique et égaré... » (*Annales*, XIV, 10 : Néron après le meurtre de sa mère). — 2. Exciter, exaspérer. — 3. L'impossibilité d'être en repos, l'agitation. — 4. A ses jours. — 5. Il se tuerait. — 6. Agitations morales, trouble. — 7. Voir le v. 1343.

■■

- **L'action** — Les scènes 7 et 8 constituent « l'achèvement » de la tragédie. Le spectateur doit savoir ce que sont devenus, depuis la catastrophe (voir p. 98), les personnages absents de la scène. Cette information précise fait partie, au XVIIe siècle, de la perfection de l'œuvre dramatique. Le public l'exige. Elle a le tort, dans *Britannicus*, de faire succéder des scènes un peu lentes à l'entrevue suprême de Néron et d'Agrippine. Le reproche a été fait à Racine. Il prendra sa revanche dans *Bérénice* où le spectateur demeure en suspens jusqu'à la dernière scène et où nous n'en sommes pas moins complètement renseignés.

- **Le sort des personnages** — JUNIE prend une résolution que laissait prévoir la dernière scène de l'acte III et qui écarte celle qu'on redoutait à l'acte V (fin de la sc. 4, v. 1615).
  NARCISSE reçoit un châtiment à la fois nécessaire et imprévu : rôle moral de la tragédie.
  NÉRON est saisi par l'angoisse : la perte de Junie en est cause, et non le remords (voir p. 119 le récit de Tacite).
  AGRIPPINE ① Examinez sa dernière réplique. Dans quelles dispositions se trouve-t-elle à présent? Le récit d'Albine n'a-t-il pas provoqué un changement?

- **La narration** — ② Comparez le style du récit d'Albine et celui du précédent récit de Burrhus (v. 1619-1646).

■■

Scènes supprimées

La scène suivante, au début de l'acte III, a été supprimée par Racine avant la représentation. Louis Racine dans ses *Mémoires sur la vie et les ouvrages de Jean Racine* publiés en 1747, nous a fait connaître cette scène en la présentant ainsi :

Ceux qui ajoutent foi en tout au *Bolæana*[1] croient que Boileau, qui trouvait les vers de *Bajazet* trop négligés, trouvait aussi le dénouement de *Britannicus* puéril, et reprochait à l'auteur d'avoir fait Britannicus trop petit devant Néron. Il y a grande apparence que M. de Monchenay, mal servi par sa mémoire lorsqu'il composa ce recueil, s'est trompé en cet endroit comme dans plusieurs autres. Je n'ai jamais entendu dire que Boileau eût fait de pareilles critiques; je sais seulement qu'il engagea mon père à supprimer une scène entière de cette pièce avant que de la donner aux comédiens; et par cette raison cette scène n'est encore connue de personne. Ces deux amis avaient un égal empressement à se communiquer leurs ouvrages avant que de les montrer au public, égale sévérité de critique l'un pour l'autre, et égale docilité. Voici cette scène, que Boileau avait conservée, et qu'il nous a remise : elle était la première du troisième acte.

BURRHUS, NARCISSE.

BURRHUS. — Quoi? Narcisse, au palais obsédant l'Empereur,
Laisse Britannicus en proie à sa fureur;
Narcisse, qui devrait d'une amitié sincère
Sacrifier au fils tout ce qu'il tient du père;
Qui devrait, en plaignant avec lui son malheur,
Loin des yeux de César détourner sa douleur?
Voulez-vous qu'accablé d'horreur, d'inquiétude,
Pressé du désespoir qui suit la solitude,
Il avance sa perte en voulant l'éloigner,
Et force l'Empereur à ne plus l'épargner?
Lorsque de Claudius l'impuissante vieillesse
Laissa de tout l'empire Agrippine maîtresse,
Qu'instruit du successeur que lui gardaient les Dieux,
Il vit déjà son nom écrit dans tous les yeux;
Ce prince, à ses bienfaits mesurant votre zèle,
Crut laisser à son fils un gouverneur fidèle,
Et qui sans s'ébranler verrait passer un jour
Du côté de Néron la fortune et la cour.
Cependant aujourd'hui, sur la moindre menace
Qui de Britannicus présage la disgrâce,
Narcisse, qui devait le quitter le dernier,
Semble dans le malheur le plonger le premier.
César vous voit partout attendre son passage.

NARCISSE. — Avec tout l'univers, je viens lui rendre hommage,
Seigneur : c'est le dessein qui m'amène en ces lieux.

---

1. Recueil d'*ana* (anecdotes) concernant Boileau et réunies par Delosme de Monchesnay.

BURRHUS. — Près de Britannicus vous le servirez mieux.
Craignez-vous que César n'accuse votre absence?
Sa grandeur lui répond de votre obéissance.
C'est à Britannicus qu'il faut justifier
Un soin dont ses malheurs se doivent défier.
Vous pouvez sans péril respecter sa misère :
Néron n'a point juré la perte de son frère.
Quelque froideur qui semble altérer leurs esprits,
Votre maître n'est point au nombre des proscrits.
Néron même, en son cœur touché de votre zèle,
Vous en tiendrait peut-être un compte plus fidèle
Que de tous ces respects vainement assidus,
Oubliés dans la foule aussitôt que rendus.

NARCISSE. — Ce langage, Seigneur, est facile à comprendre;
Avec quelque bonté César daigne m'entendre :
Mes soins trop bien reçus pourraient vous irriter...
A l'avenir, Seigneur, je saurai l'éviter.

BURRHUS. — Narcisse, vous réglez mes desseins sur les vôtres :
Ce que vous avez fait, vous l'imputez aux autres.
Ainsi lorsqu'inutile au reste des humains,
Claude laissait gémir l'empire entre vos mains,
Le reproche éternel de votre conscience
Condamnait devant lui Rome entière au silence.
Vous lui laissiez à peine écouter vos flatteurs,
Le reste vous semblait autant d'accusateurs
Qui, prêts à s'élever contre votre conduite,
Allaient de nos malheurs développer la suite,
Et lui portant les cris du peuple et du sénat,
Lui demander justice au nom de tout l'État.
Toutefois pour César je crains votre présence :
Je crains, puisqu'il vous faut parler sans complaisance,
Tous ceux qui, comme vous, flattant tous ses désirs,
Sont toujours dans son cœur du parti des plaisirs.
Jadis à nos conseils l'Empereur plus docile
Affectait pour son frère une bonté facile,
Et de son rang pour lui modérant la splendeur,
De sa chute à ses yeux cachait la profondeur.
Quel soupçon aujourd'hui, quel désir de vengeance
Rompt du sang des Césars l'heureuse intelligence?
Junie est enlevée, Agrippine frémit;
Jaloux et sans espoir Britannicus gémit;
Du cœur de l'Empereur son épouse bannie,
D'un divorce à toute heure attend l'ignominie.
Elle pleure; et voilà ce que leur a coûté
L'entretien d'un flatteur qui veut être écouté.

NARCISSE. — Seigneur, c'est un peu loin pousser la violence;
Vous pouvez tout; j'écoute et garde le silence.
Mes actions un jour pourront vous repartir;
Jusque-là...

BURRHUS. —   Puissiez-vous bientôt me démentir!
Plût aux Dieux qu'en effet ce reproche vous touche!
Je vous aiderai même à me fermer la bouche.
Sénèque, dont les soins devraient me soulager,

> Occupé loin de Rome, ignore ce danger.
> Réparons, vous et moi, cette absence funeste :
> Du sang de nos Césars réunissons le reste.
> Rapprochons-les, Narcisse, au plus tôt, dès ce jour,
> Tandis qu'ils ne sont point séparés sans retour.

Et Louis Racine de commenter :

On ne trouve rien dans cette scène qui ne réponde au reste de la pièce pour la versification; mais son ami craignit[1] qu'elle ne produisît un mauvais effet sur les spectateurs : *Vous les indisposerez*, lui dit-il, *en leur montrant ces deux hommes ensemble. Pleins d'admiration pour l'un, et d'horreur pour l'autre, ils souffriront pendant leur entretien. Convient-il au gouverneur de l'Empereur, à cet homme si respectable par son rang et sa probité, de s'abaisser à parler à un misérable affranchi, le plus scélérat de tous les hommes? Il le doit trop mépriser pour avoir avec lui quelque éclaircissement. Et d'ailleurs quel fruit espère-t-il de ses remontrances? Est-il assez simple pour croire qu'elles feront naître quelques remords dans le cœur de Narcisse? Lorsqu'il lui fait connaître l'intérêt qu'il prend à Britannicus, il découvre son secret à un traître, et au lieu de servir Britannicus, il en précipite la perte.* Ces réflexions parurent justes, et la scène fut supprimée.

La scène suivante figurait à la représentation et dans la première édition de la pièce, après la scène 5 [v. 1647] de l'acte V. Racine l'a supprimée « pour qu'on ne vît pas Junie en conversation avec l'assassin de son amant » (R. Picard).

Scène VI. — NÉRON, AGRIPPINE, JUNIE, BURRHUS.

NÉRON, *à Junie.*

> De vos pleurs j'approuve la justice.
> Mais, Madame, évitez ce spectacle odieux;
> Moi-même en frémissant j'en détourne les yeux.
> Il est mort. Tôt ou tard il faut qu'on vous l'avoue.
> Ainsi de nos desseins la fortune se joue.
> Quand nous nous rapprochons, le Ciel nous désunit.

JUNIE. — J'aimais Britannicus, Seigneur : je vous l'ai dit.
> Si de quelque pitié ma misère est suivie,
> Qu'on me laisse chercher dans le sein d'Octavie
> Un entretien conforme à l'état où je suis.

NÉRON. — Belle Junie, allez; moi-même je vous suis.
> Je vais, par tous les soins que la tendresse inspire,
> Vous...

---

1. Boileau, ami de Jean Racine.

SCHÉMA DE LA TRAGÉDIE

i sc. 1	Agrippine se plaint de Néron devant Albine, puis	
2	Burrhus.	**Exposition**
3	Elle propose son alliance à Britannicus que Nar-	
4	cisse encourage dans cette voie	Ébauche de **complot**
ii sc. 1	Exil de Pallas ordonné par Néron qui, amoureux	
2	de Junie, répudiera Octavie.	**Passion** et jalousie de Néron.
3	Junie le repoussant, il lui ordonne de décourager Britannicus.	
4	Caché, Néron observe les deux amoureux.	
5-6	La froideur de Junie désespère Britannicus.	
7-8	Néron charge Narcisse de tourmenter Britannicus.	
iii sc. 1	Reproches de Burrhus à Néron qui refuse de	
2	renoncer à Junie.	Reprise du **complot**
3	Agrippine menace Burrhus et justifie sa colère.	
4	Entretien entre Britannicus et Agrippine : com-	
5	plot contre Néron.	
6	Malgré Narcisse, Britannicus et Junie se retrou-	Préparation du
7	vent et s'expliquent.	dénouement.
8	Néron les surprend et fait arrêter Britannicus.	
9	Il ordonne à Burrhus de faire garder à vue Agrippine.	
iv sc. 1	Burrhus et Agrippine : elle veut voir Néron.	**Dénouement** :
2	Elle l'accable de reproches; il feint de céder.	
3	Ébranlé par Burrhus, il cède sincèrement.	
4	Narcisse retourne la situation.	
v sc. 1	Attente du banquet de réconciliation : Britannicus confiant, Junie anxieuse.	I action de suspens ;
2	Agrippine s'enorgueillit de son succès devant	
3	Junie. Tumulte.	
4	Burrhus annonce la mort de Britannicus. Récit	
5	de Burrhus.	II catastrophe ;
6	Reproches d'Agrippine à Néron. Scène entre	
7	Agrippine et Burrhus.	III achèvement.
8	Récit d'Albine.	

TEXTES HISTORIQUES

*J'avais copié mes personnages d'après le
plus grand peintre de l'Antiquité, je veux
dire d'après Tacite [...] J'avais voulu mettre
dans ce recueil un extrait des plus beaux
endroits que j'ai tâché d'imiter.*

RACINE, seconde préface (l. 15-20).

Racine ne s'est pas contenté de puiser dans ses sources historiques
des détails précis (comme on peut le voir d'après les nombreuses
références aux *Annales* figurant en note); il s'est imprégné de ses
lectures et son originalité ne s'en est manifestée qu'avec plus d'éclat.
Nous groupons ici, sous quelques rubriques, des textes de Tacite
et de Suétone qui permettent de juger de cette originalité (indépendamment de l'intérêt qu'ils présentent par eux-mêmes).

1. Hérédité de Néron

Des fiers Domitius l'humeur triste et sauvage (v. 36).

Son grand-père :

> Arrogant, prodigue et cruel, il fit paraître sur la scène, pendant sa préture
> et son consulat, des chevaliers romains et des femmes de distinction pour
> y jouer des mimes; il donna, dans le cirque et dans tous les quartiers de la
> ville, des chasses de bêtes sauvages et des combats de gladiateurs; et il y
> déploya tant de barbarie, qu'Auguste, qui lui en avait fait en particulier des
> reproches inutiles, fut obligé de le réprimander dans un édit.

Son père (Cn. Domitius Ahenobarbus) :

> Il tua un affranchi qui refusait de boire, autant qu'il l'ordonnait. Exclu,
> pour ce meurtre, de la société de ses amis, il ne se conduisit pas avec plus de
> modération. Il écrasa un enfant, sur la Voie Appienne, en faisant prendre
> exprès le galop à ses chevaux. A Rome, il creva un œil, en plein Forum, à
> un chevalier romain, qui discutait avec vivacité contre lui. Il était de si mau-
> vaise foi, qu'il ne payait pas aux courtiers le prix de ce qu'il achetait et que,
> dans sa préture, il frustra de leurs récompenses les cochers vainqueurs. Tou-
> tefois, les railleries de sa sœur et les plaintes des chefs des différentes factions
> le forcèrent de statuer qu'*à l'avenir les prix seraient payés sur-le-champ*. Accusé
> vers la fin du règne de Tibère du crime de lèse-majesté, de plusieurs adultères,
> et d'inceste avec sa sœur Lépida, il n'échappa à ces dangers qu'à la faveur du
> changement de règne.

La prédiction paternelle :

> Parmi beaucoup de conjectures effrayantes qui furent faites à l'instant de sa
> naissance, on regarda comme un présage la réponse de son père Domitius
> aux félicitations de ses amis : *D'Agrippine et de moi*, dit-il alors, *il ne peut
> naître qu'un monstre fatal au monde*. On remarqua encore, le jour où il reçut
> son nom, un pronostic aussi malheureux : C. César, pressé par sa sœur de
> donner à cet enfant le nom qu'il voudrait, et voyant passer Claude, son oncle,

lequel adopta plus tard Néron, répondit : *Je lui donne le nom de celui-ci.* Or, il le disait pour se moquer et pour contrarier Agrippine, qui, en effet, s'y opposa, parce que Claude était alors la risée de la cour.

Suétone, *les Douze Césars* : Néron (tr. Baudement).

2. Après la mort de Messaline

Quand de Britannicus la mère condamnée... (v. 1123-1125).

Selon Tacite (P. Cornelius Tacitus, 55?-120?) :

Le meurtre de Messaline avait bouleversé la maison du prince, car les affranchis se disputaient à qui choisirait une épouse à Claude, incapable de supporter le célibat et soumis aux ordres de ses épouses. Et il n'y avait pas moins de brigue entre les femmes. Naissance, beauté, richesse, elles faisaient tout valoir, et chacune étalait ses titres à un si noble hymen [...]. Pallas louait surtout, dans Agrippine, l'avantage d'amener avec elle un petit-fils de Germanicus, bien digne de la maison impériale; qu'il s'attachât une noble race et unît les descendants des familles Julia et Claudia pour éviter qu'une femme, d'une fécondité prouvée et en pleine jeunesse, ne portât dans une autre maison l'illustration des Césars.
Cet avis prévalut, appuyé des séductions d'Agrippine, qui, profitant de sa parenté pour visiter à chaque instant son oncle, le séduisit si bien que, préférée à toutes ses rivales et sans avoir encore le nom d'épouse, elle exerçait déjà l'autorité d'une épouse. Une fois sûre de son mariage, elle porta ses vues plus loin, et songea à unir Domitius, qu'elle avait eu de Cn. Ahenobarbus, et Octavie, fille de César.

Annales, XII, 1, 2, 3 (Tr. Bornecque d'après Burnouf).

Selon Suétone (C. Suetonius Tranquillus, 70?-141) :

Quand [Claude] sut qu'outre ses débordements et ses crimes, [Messaline] avait osé se marier à Silius et consigné même tout dire les mains des augures, il la fit périr, et jura aux prétoriens assemblés *de garder le célibat, puisque le mariage lui réussissait si mal, et de se laisser tuer par eux, s'il violait son serment.* En dépit de cette promesse, il traita bientôt d'une nouvelle union avec cette même Pétina qu'il avait renvoyée, et avec Lollia Paulina, qui avait été mariée à C. César. Mais les séductions de sa nièce Agrippine, fille de Germanicus, lui inspirèrent un amour qui devait naître aisément du droit de l'embrasser et des facilités de leur commerce. Alors il suborna des sénateurs qui, à la première assemblée, proposèrent de le contraindre à en faire sa femme, sous prétexte que cela importait souverainement à l'État, et de donner aux autres citoyens la faculté de contracter de pareils mariages, réputés jusque-là incestueux. Il l'épousa dès le lendemain; mais ne trouva personne qui voulût suivre son exemple, excepté un affranchi et un centurion primipilaire, aux noces duquel il assista lui-même avec Agrippine.

Les Douze Césars : Claude.

3. L'assassinat de Claude

Cependant, Claudius penchait vers son déclin (v. 1173).

Selon Tacite :

Agrippine, résolue depuis longtemps au crime [...] délibéra sur la nature du poison [...]. Claude, approchant de son heure suprême et devinant le complot, pouvait revenir à l'amour de son fils. Il fallait un poison tout spécial, qui troublât la raison sans trop hâter la mort. On choisit une femme habile en cet art, nommée Locusta, condamnée depuis peu pour empoisonnement, et qui fut longtemps un instrument de pouvoir. Le poison fut préparé par le talent de cette femme et donné par l'eunuque Halotus, dont la fonction était de servir les mets et de les goûter.

Tous les détails devinrent bientôt si publics que les historiens du temps nous ont appris que le poison fut mis dans un succulent plat de cèpes, que l'effet de la drogue ne fut pas senti immédiatement par le prince [...]. Aussi Agrippine, au comble de la terreur et, parce qu'elle avait tout à craindre, s'inquiétant peu de l'impression fâcheuse qu'elle produirait pour le moment, fait appel à la complicité du médecin Xénophon, qu'elle s'était assurée d'avance. Celui-ci, sous prétexte d'aider les efforts que Claude faisait pour vomir, plongea, à ce qu'on croit, dans la gorge de Claude une plume imprégnée d'un poison à l'effet soudain; il n'ignorait pas que, si l'on risque à commencer les plus grands crimes, on gagne à les consommer.

Cependant on convoquait le sénat; les consuls et les prêtres offraient des vœux pour la conservation du prince, tandis que son corps, déjà sans vie, était enveloppé de couvertures et d'applications chaudes, et cela pendant tout le temps nécessaire pour prendre les mesures qui assureraient l'empire à Néron. Et, dans le premier instant, Agrippine, feignant d'être vaincue par la douleur et de chercher des consolations, serrait Britannicus dans ses bras, l'appelait la vivante image de son père et, par mille artifices, l'empêchait de sortir de son appartement. Elle retint de même ses sœurs Antonia et Octavie. Des gardes avaient fermé par ses ordres toutes les avenues du palais, et elle publiait à chaque instant que la santé du prince était meilleure, afin d'entretenir l'espérance des soldats et d'attendre le moment favorable marqué par les astrologues.

Alors, à midi, le Trois avant les ides d'octobre, les portes du palais s'ouvrirent tout à coup, et Néron, accompagné de Burrhus, s'avance vers la cohorte, qui, suivant l'usage militaire, est alors de garde. Là, sur l'invitation du préfet, Néron est accueilli par des cris de bon augure et placé dans une litière. Il y eut, dit-on, quelques soldats qui hésitèrent, regardant derrière eux et demandant à plusieurs reprises où était Britannicus. Mais, comme il ne s'offrait point de chef à la résistance, ils suivirent l'impulsion qu'on leur donnait. Porté dans le camp [des cohortes prétoriennes], Néron tint d'abord un langage approprié aux circonstances, et promit ensuite des largesses égales à celles de son père; il est alors, d'un cri unanime, salué empereur.

Annales, XII, 66-69.

Selon Suétone :

Vers la fin de sa vie, il [Claudius] donna des marques évidentes du repentir d'avoir épousé Agrippine et adopté Néron [...] Il dit un jour *que le sort lui avait aussi donné des femmes impudiques, mais qu'elles n'étaient pas restées impunies;* et un moment après, rencontrant Britannicus, il l'embrassa tendrement, et lui dit : *Achève de grandir, et je te rendrai compte de toutes mes actions.* Il ajouta même en grec : *Qui a fait la blessure la guérira;* et quoique Britannicus fût encore bien jeune, il voulait, sa taille permettant d'anticiper l'âge, lui faire prendre la toge virile : *Le peuple romain*, disait-il, *aura donc enfin un vrai César!*

Il fit, peu de temps après, son testament, qui fut signé de tous les magistrats. Il aurait sans doute donné suite à ses projets; mais il fut prévenu par Agrippine, que tourmentait sa conscience et que de nombreux délateurs commençaient à accuser. On convient qu'il périt empoisonné; mais on ne sait précisément ni où, ni par qui. Quelques-uns disent que ce fut au Capitole, dans un festin avec les pontifes, et par l'eunuque Halotus, son dégustateur; d'autres, dans un repas de famille, par Agrippine elle-même, qui avait, dans ce but, empoisonné un champignon, sorte de mets dont il était fort avide. On ne s'accorde pas non plus sur ce qui suivit. Selon le plus grand nombre, il perdit aussitôt la voix et mourut au point du jour, ayant horriblement souffert toute la nuit. Selon d'autres, après s'être assoupi quelques moments, il vomit tout ce qu'il avait mangé; et alors on lui fit prendre une seconde dose de poison, ou dans un potage comme pour rendre des forces à son estomac épuisé, ou dans un lavement, comme pour aider, par une évacuation, à une digestion difficile.

Sa mort fut tenue secrète jusqu'à ce qu'on eût tout disposé pour assurer l'empire à son successeur. On continua donc à faire des vœux pour sa guérison.

Les Douze Césars : Claude.

4. Burrhus selon Tacite

L'homme d'Agrippine :

La direction des cohortes [prétoriennes] passe donc à Burrhus Afranius, dont la réputation militaire était distinguée, mais qui savait quelle volonté lui donnait le commandement.

Annales, XII, 42.

Le bon serviteur de Néron :

Et l'on se précipitait dans les meurtres, si Afranius Burrhus et Annéus Sénèque ne s'y fussent opposés. Ces deux hommes, qui dirigeaient la jeunesse de l'empereur et, chose rare dans le partage du pouvoir, s'accordaient fort bien, exerçaient, à des titres divers, une égale influence : Burrhus, par ses talents militaires et la sévérité de ses mœurs; Sénèque, par ses leçons d'éloquence et son affable sagesse; travaillant de concert, afin de pouvoir plus facilement, si le prince prenait la vertu en dégoût, le retenir par des plaisirs permis loin des entraînements de son âge.

Annales, XIII, 2.

5. La mort de Britannicus

...la fameuse Locuste

A redoublé pour moi ses soins officieux (v. 1392-1393).

Selon Tacite :

Pendant les fêtes consacrées à Saturne, les deux frères jouaient avec des jeunes gens de leur âge et, entre autres jeux, on tirait au sort la royauté; elle échut à Néron. En conséquence, il donna aux autres des ordres dont ils pouvaient s'acquitter sans rougir; pour Britannicus, il lui ordonna de se lever, de s'avancer au milieu de l'assemblée et de chanter quelque chose. Il comptait faire rire aux dépens d'un enfant étranger aux réunions les plus sobres, et plus encore à celles où on s'enivrait. Britannicus, sans se déconcerter, se mit à chanter des vers dont le sens rappelait qu'il avait été précipité du trône paternel et du rang suprême. On s'attendrit, et d'une manière d'autant plus visible que la nuit et la licence avaient banni la feinte. Néron comprit qu'il s'était rendu impopulaire, sa haine redoubla et, aiguillonné par les menaces d'Agrippine, comme il n'y avait pas moyen d'accuser Britannicus et que Néron n'osait publiquement commander le meurtre d'un frère, il agit en secret et fait préparer un poison. L'instrument fut Julius Pollio, tribun d'une cohorte prétorienne, qui avait sous sa garde Locusta, condamnée pour empoisonnement et fameuse par beaucoup de forfaits. Car l'entourage immédiat de Britannicus n'avait ni foi ni loi; dès longtemps on avait eu soin d'y pourvoir. Un premier poison lui fut donné par ses précepteurs mêmes, mais il ne fit que traverser ses entrailles qu'il l'en délivrèrent [...]. Néron, qui ne pouvait souffrir cette lenteur dans le crime, ne cesse de menacer le tribun, ordonne le supplice de l'empoisonneuse [...]. Ils lui promirent alors une mort aussi rapide qu'avec le fer, et c'est auprès de la chambre du prince que l'on distille un breuvage composé de poisons d'une violence éprouvée et foudroyant.

C'était l'usage que les fils des princes mangeassent assis avec les autres nobles de leur âge, sous les yeux de leurs parents, à une table séparée et plus frugale. Britannicus était à l'une de ces tables. Comme il ne mangeait ou ne buvait rien qu'il n'eût été goûté par un serviteur de confiance, pour ne pas manquer à cette coutume ni déceler le crime par deux morts, voici le moyen qu'on imagina. Une boisson encore inoffensive et goûtée par l'esclave, mais très chaude, est présentée à Britannicus; puis, comme il la repoussait parce que brûlante, on y verse, mêlé à de l'eau froide, le poison, qui circula si rapidement dans tous ses membres qu'il lui enleva à la fois la parole et la vie. Tout se trouble autour de lui : les moins prudents s'enfuient de tous côtés; ceux qui ont plus de pénétration restent à leur place, immobiles, les yeux attachés sur Néron. Lui, appuyé sur son lit et feignant de ne rien savoir, dit que c'était un événement ordinaire, causé par l'épilepsie dont Britannicus était atteint depuis sa plus tendre enfance et que peu à peu la vie et le sentiment lui reviendraient. Pour Agrippine, la frayeur et le trouble de son âme éclatèrent si visiblement, malgré ses efforts pour que son visage ne trahît pas ses sentiments, qu'on la jugea aussi étrangère à ce crime que l'était Octavie, sœur de Britannicus : car elle comprenait bien que son dernier appui lui était enlevé et que c'était un degré vers le parricide. Octavie aussi, malgré son jeune âge, avait appris à cacher sa douleur, son affection, tous ses sentiments. Ainsi, après un moment de silence, la gaîté du festin recommença.

Annales, XIII, 15, 16.

Selon Suétone :

Jaloux de Britannicus, qui avait une plus belle voix que lui, et craignant d'ailleurs que le souvenir de son père ne lui donnât un jour un grand crédit auprès du peuple, il résolut de s'en défaire par le poison. Une célèbre empoisonneuse, du nom de Locuste, fournit à Néron une potion dont l'effet trompa son impatience, et qui ne produisit chez Britannicus qu'un cours de ventre. Il fit venir cette femme et la frappa de sa main, lui reprochant d'avoir un remède, au lieu d'un poison. Comme elle s'en excusait sur la nécessité de cacher un tel crime : *sans doute*, répondit-il ironiquement, *je crains la loi Julia*, et il la força de préparer, dans son palais même et devant lui, le poison le plus actif et le plus prompt qu'il lui serait possible. Il l'essaya sur un chevreau, qui vécut encore cinq heures; aussi le fit-il fortifier et recuire encore; après quoi il le fit prendre à un marcassin, qui expira sur-le-champ. Alors Néron commanda de porter ce poison dans la salle à manger et de le donner à Britannicus, qui soupait à sa table. Le jeune prince tomba aussitôt qu'il en eût goûté. Néron dit aux convives que c'était une attaque d'épilepsie, mal auquel il était sujet; et dès le lendemain il le fit ensevelir, à la hâte et sans aucune cérémonie, par une pluie battante. Quant à Locuste, elle reçut de lui, pour prix de ce service, l'impunité, des domaines considérables, et même des disciples.

Les Douze Césars : Néron.

6. La mort d'Agrippine

Je prévois que tes coups viendront jusqu'à ta mère (v. 1676).

L'assassinat selon Tacite :

Dans la chambre, il n'y avait qu'une faible lumière [...]. Les assassins environnent son lit, et le triérarque lui assena le premier un coup de bâton sur la tête. Déjà le centurion tirait son épée pour lui donner la mort. *Frappe ici*, s'écria-t-elle en lui montrant son ventre, et elle expira, percée de coups.

Annales, XIV, 8.

Tes remords te suivront comme autant de furies (v. 1683).

Les remords de Néron selon Suétone :

Il ne put échapper à sa conscience; le supplice, aussitôt commencé, ne finit plus, et il avoua souvent que l'image de sa mère le poursuivait partout, et que les Furies agitaient devant lui leurs fouets vengeurs et leurs torches ardentes.

Les Douze Césars : Néron.

DOSSIER PÉDAGOGIQUE

1. Approche du genre tragique

Pièce grave, fondée sur le concept de *destinée* (ou de *fatalité*) : ainsi peut-on résumer les multiples définitions que l'on a données de la tragédie.

Lucien Goldmann discute cette définition. Ni Junie ni Andromaque, par exemple, ne sont les victimes d'une fatalité mystérieuse. Et la gravité caractérise le drame aussi bien que la tragédie. Il propose donc cette formule : « Toute pièce dans laquelle les conflits sont nécessairement insolubles » (*Racine*, L'Arche, p. 12).

— Relevez les grands conflits présentés par Racine dans *Britannicus*, puis demandez-vous si leur résolution est possible.

S'appuyant sur les conceptions hégéliennes du tragique, le critique britannique M. Aldereth, voit dans *Britannicus* un conflit essentiellement politique opposant ceux qui ont tort à ceux qui ont raison : « La véritable tragédie de la pièce c'est que les " méchants " ont la logique et l'histoire pour eux, tandis que les " bons " sont incapables d'offrir une solution pratique » (*Britannicus*, Classiques du peuple, p. 23).

— Quels sont les « bons » et quels sont les « méchants », selon vous? Les premiers sont-ils « logiques » (analysez leur action)? les autres « incapables » (en quoi peut consister leur incapacité)?

Roland Barthes, lui, observe que la tragédie — spécialement la tragédie racinienne « chargée de peu de matière » — est avant tout langage : monologues, récits, discours, charme des mots. Il conclut ainsi son étude de « l'Homme racinien » : « Voici donc qu'apparaît la véritable utopie de la tragédie racinienne, celle d'un monde où la parole serait solution; mais aussi sa véritable limite : l'impossibilité. Le langage n'est jamais une preuve. La tragédie est seulement un échec qui se parle » (*Sur Racine*, Le Seuil, 1963, p. 67).

— Vous apparaît-il que la « parole » a plus d'importance chez Racine que chez Corneille? Lequel a le vocabulaire le plus étendu? Lequel est le plus éloquent? Lequel le plus poète?

Enfin Roland Barthes s'en prend au « mythe », souvent utilisé par Racine pour éclairer son propre univers. Selon Barthes, le mécanisme tragique est le contraire de l'ordre mythique : « ... Le mythe part de contradictions et tend progressivement à leur médiation; la tragédie, au contraire, immobilise les contradictions, refuse la médiation, tient le conflit ouvert » (*ibid.*).

— Essayez d'expliquer ces affirmations en prenant appui, sur certains « mythes » d'une part, et d'autre part sur la tragédie de *Britannicus*.

2. Le problème des unités

Chacun le sait, les trois unités sont le fondement esthétique de la tragédie classique (voir p. 12). Mais il ne faudrait pas les réduire à des artifices contraignants pour les dramaturges. Sous l'apparente simplicité de l'unité de lieu, par exemple, se cache une structure complexe, ainsi analysée par Roland Barthes :

« Bien que la scène soit unique, on peut dire qu'il y a trois lieux tragiques. Il y a d'abord la Chambre [...], lieu invisible et redoutable où la Puissance est tapie. [...] La Chambre est contiguë au second lieu tragique, qui est l'Anti-Chambre, espace éternel de toutes les sujétions, puisque c'est là qu'on *attend*. [...] Le troisième lieu tragique est l'Extérieur. De l'Anti-Chambre à l'Extérieur, il n'y a aucune transition; ils sont collés l'un à l'autre d'une façon aussi immédiate que l'Anti-Chambre et la Chambre » (*op. cit.*, pp. 15-17).

— Cherchez dans *Britannicus* ces trois lieux tragiques. Relevez les vers qui font allusion à l'un d'eux.

L'unité de temps ne paraît pas faire problème. Pourtant, Georges Poulet décèle « trois durées parallèles chez Racine comme chez les auteurs médiévaux : le temps discontinu des passions actuelles, le temps continu des accomplissements de la volonté divine, et enfin cette volonté elle-même en sa dure intemporalité » (*Le Temps humain*, Plon, p. 116).

— Qu'il s'agisse de Néron, de Junie ou d'Agrippine, faites la part de ces « trois durées parallèles », en fonction du présent, du passé et de l'avenir.

3. Les personnages et leurs conflits

Toute tragédie repose sur un conflit.

Quelle en est la nature, quelles forces oppose-t-il?

Pour Lucien Goldmann, l'univers tragique est animé par trois personnages : Dieu, le Monde, l'Homme.

« Il y a d'abord le monde vain et manifeste, représenté par deux sortes de personnages, les fauves et les pantins. [...] A ce monde s'opposent les personnages incarnant les valeurs authentiques, homologues au dieu janséniste [et comme lui] toujours présents à la conscience en tant qu'exigence absolue et irrémissible. [...] Entre le monde essentiel et manifeste des fauves et des pantins, et le dieu spectateur, seul lien entre l'un et l'autre, se situe l'homme tragique » (*op. cit.*, p. 45).

— En vous plaçant dans cette perspective, identifiez l'« homme tragique » parmi les personnages de *Britannicus*, puis identifiez les fauves, les pantins, et finalement le « dieu caché », spectateur de la tragédie.

Allant plus loin dans l'abstraction systématique, Roland Barthes

propose une formule propre à définir la relation fondamentale de toute tragédie racinienne :
« Le rapport essentiel est un rapport d'autorité, l'amour ne sert qu'à le révéler. Ce rapport est si général, si formel que (l'on pourrait) le représenter sous l'espèce d'une double équation :

A a tout pouvoir sur B,

A aime B qui ne l'aime pas » (*op. cit.*, p. 34-35).

Et finalement, Anne Ubersfeld, poussant ce schéma de relation, obtient un « modèle actantiel » (d'après *Lire le théâtre*, Éd. sociales, p. 68) :

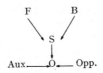

Autrement dit, un sujet (S), poussé par une force (F), cherche à obtenir un objet (O) qui peut être une chose ou une personne. Dans la quête de son objet — qu'il destine à un bénéficiaire (B) (lui-même ou un autre) — le sujet est aidé par un auxiliaire (Aux.), mais voit ses projets contrariés par un opposant (Opp.).

— En prenant successivement Néron, Agrippine et Junie pour « sujets » (S), établissez trois « modèles actantiels » sur ce type. Vers quelle conclusion serez-vous amené en confrontant vos trois « modèles » ?

4. Néron

Racine nous en a informé : il a peint Néron sous l'aspect d'un « monstre naissant ». La critique s'est plue à décrire la panoplie du « monstre », mais elle semble avoir quelque peu laissé de côté sa « naissance ». Du moins jusqu'à ce qu'elle utilise des supports psychanalytiques pour analyser les conflits qui agitent le futur incendiaire de Rome, — ce qu'a fait notamment Roland Barthes : « Néron veut devenir un Homme, il ne le peut et il souffre. Comme Pyrrhus, c'est essentiellement le passé qui l'agrippe, l'enfance et les parents, le mariage même, voulu par la Mère [...]. Puisque sa Mère l'oblige à lui livrer ses secrets Néron essaiera de se créer un secret neuf, solitaire, d'où sa Mère est exclue » (*op. cit.*, p. 89).

— A partir d'une étude détaillée de la première scène (I, 1), mettez en valeur l'importance du passé dans les propos d'Agrippine. Relevez, dans l'ensemble de la tragédie, les manifestations de « rejet » de ce passé, chez Néron. En quoi consiste son « secret » ? Comment est-il symbolisé sur la scène ?

La « libération » de Néron — sa « seconde naissance » (Barthes) — ne se fait pas aisément, elle « se fait par saccades, observe Charles

Mauron. Entre chaque saccade quelqu'un tente de ramener le ressort en arrière, paraît y réussir, et ne provoque qu'une nouvelle détente. »

— Relevez les principales « saccades » et identifiez, pour chacune d'elles, le frein qui la paralyse.

Charles Mauron décèle dans « le glissement qui entraîne Néron loin d'Agrippine vers Junie », une attitude caractéristique de l'adolescence :

« L'angoisse de l'adolescent s'accompagne normalement d'une poussée de fatuité, de cynisme et de haine contre les obstacles vigoureusement réprouvés par ailleurs. Dans le cas de Néron, la quantité de haine mise en jeu est naturellement anormale et l'amour tend lui-même vers des formes régressives perverses (sadisme, goût de voir et de faire souffrir) » (*L'Inconscient dans l'œuvre et la vie de Racine*, Corti, pp. 72-73).

— Étudiez cette thèse en vous appuyant sur des passages précis de la tragédie.

On parle souvent de l'immoralisme de Néron. N'est-ce pas un peu trop réduire le personnage que de le juger selon les seuls critères éthiques? La perspective historique est alors éliminée au profit de desseins purement amoureux. Il serait bon de se rappeler que Néron est le fils d'une femme qui n'a jamais fait passer la morale avant toute chose :

« Jusqu'ici Néron a pu tromper les autres, peut-être s'était-il aussi trompé lui-même, par sa vertu apparente. Seule Agrippine, politicienne rusée, ayant une immense expérience des hommes, avait depuis longtemps compris la réalité. Pour elle, cependant, le problème n'était pas *éthique*, mais *pratique*. Il ne s'agissait pas de juger Néron et de le refuser au nom d'une exigence morale, mais d'assurer contre lui sa position menacée. » (Goldmann, *Le Dieu caché*, N.R.F., p. 364.)

— Développez ces réflexions de Lucien Goldmann en partant d'un triple point de vue :
a) la « vertu » de Néron;
b) la duplicité de Néron (morale, politique, amoureuse, etc.);
c) l'importance du conflit politique.

Certains critiques ont cru pouvoir expliquer la duplicité de Néron par l'influence contradictoire de ses deux conseillers, Burrhus et Narcisse. Mais il est trop simple de présenter l'un comme le Bien, l'autre comme le Mal. Roland Barthes voit en eux deux attitudes face au monde : la transparence et l'opacité. Pour Goldmann, Burrhus et Narcisse appartiennent au même monde, mais le premier s'aveugle, alors que le second accepte les choses avec cynisme.

— Quel rôle ont joué, Burrhus d'une part, Narcisse de l'autre,
a) dans la formation du caractère du Néron?
b) dans l'évolution du conflit qui le torture?

5. La poésie racinienne

Les tragédies de Racine sont, en un sens, un jeu de langage. Soumis au destin par le dramaturge, les personnages sont soumis, par le poète, aux règles de l'art :

a) art de la rhétorique classique, d'une part,

b) art poétique affiné par le génie de Racine, d'autre part.

Depuis trois siècles on s'est ingénié à mettre en lumière les finesses de cet art. Relevons-en une, l'utilisation magique des regards :

a) regards omniprésents :

« Ces murs, même, Seigneur, peuvent avoir des yeux » (v. 713).

b) regards parlants :

« J'entendrai des regards que vous croirez muets » (v. 682).

— Cherchez d'autres exemples d'images associées au thème du regard, et dites, pour chacune, à quel type rhétorique elle appartient.

6. Sens de « Britannicus »

On a coutume d'opposer les tragédies profanes de Racine à ses tragédies sacrées, *Esther* et *Athalie*. Selon Lucien Goldmann, *Britannicus* se situe du côté profane tout en frôlant le « drame sacré ».

— Pourriez-vous justifier ce jugement?

Pour Roland Barthes, le conflit essentiel de cette tragédie peut se résumer dans cette formule : l'opposition de l'*avoir* et de l'*être*.

« Néron a tout et pourtant il n'est pas; Britannicus n'a rien et pourtant il est; l'être se refuse à l'un tandis qu'il comble l'autre » (*op. cit.*, p. 93).

— Appréciez l'évolution du conflit à la lumière de cette formule existentielle.

« Conflits, chantage, rapports humains fondés sur la force et renversés par des lois rigides et cruelles, recherche d'un pouvoir central qui puisse servir d'arbitre entre les égoïsmes individuels, genèse du crime qui assure l'émancipation politique et psychologique d'un adolescent » (*op. cit.*, p. 39) : telles sont finalement, pour M. Aldereth, les principales lignes de force de la tragédie.

— En faisant la part de chacune, montrez comment Racine est parvenu à les unifier.

ICONOGRAPHIE

I. « C'est ici un monstre naissant », déclare Racine de son personnage (Préface, pp. 26 et 30), corroborant ainsi l'histoire puisque Néron n'a, dans la tragédie, que dix-huit ans.

— A l'aide des divers documents reproduits, précisez quel(s) interprète(s) vous semble(nt) répondre à cette double définition psychologique et chronologique du héros.

— Étudiez les attitudes de Néron et tentez d'expliquer ce que le metteur en scène et l'acteur ont voulu faire ressortir du personnage. N'y a-t-il pas des interprétations contradictoires du héros? Le texte lui-même ne permet-il pas ces contradictions?

2. « Monstre naissant », Néron est également présenté « dans son particulier et dans sa famille » (p. 26). Précision utile pour le décorateur et le metteur en scène qui peuvent s'attacher davantage à offrir un personnage plus bourgeois qu'empereur.

— Décrivez les divers décors qui vous sont proposés (pp. 51, 68, 69) en expliquant leur valeur symbolique. Relevez les détails significatifs, les jeux d'ombre et de lumière, les lignes (verticales, horizontales, etc.) dominantes, etc.

— Imaginez à votre tour un décor pour *Britannicus* : celui-ci doit être unique (règle de l'unité de lieu) mais peut fort bien se diviser en plusieurs espaces (voir la mise en scène de Gérard Lesur, pp. 51 et 99). Faites une maquette de ce décor en indiquant également les couleurs et les accessoires.

3. Deux conceptions s'affrontent généralement dans le choix des costumes : ou bien l'on tente de restituer l'atmosphère de l'époque, ou bien l'on adopte une perspective différente (qui en général revient à habiller les personnages en contemporains du spectateur).

— Discutez, en vous fondant sur des arguments sérieux, chacune de ces deux thèses et précisez votre propre choix.

— Décrivez les habits de Néron dans les divers documents présentés; les Nérons romains sont-ils tous semblables? Quelles sont les deux grandes directions adoptées par les costumiers? Laquelle vous semble la plus juste? Quelles remarques vous inspire l'habillement de Néron dans la mise en scène de Mesguisch (p. 52)? Étudiez la symbolique des contrastes dans les costumes, en particulier dans les oppositions Néron / Junie (page 68) et Néron / Agrippine (69). Analysez de même la relation entre les costumes et le décor dans le document de la page 99.

4. Comment les documents de la page 51 manifestent-ils la différence des rapports de Néron avec chacun de ses deux conseillers?

— Comparez les regards et les attitudes des personnages dans les illustrations de la page 69. De quelle scène s'agit-il?

L'entrevue Néron-Agrippine : quelle illustration (p. 69) vous semble le mieux correspondre à la définition proposée par Racine (p. 31) : « Ma tragédie n'est pas moins la disgrâce d'Agrippine que la mort de Britannicus »?

BIBLIOGRAPHIE

Sur Racine, on consultera, non sans précaution, l'ouvrage rédigé par son fils Louis sous ce titre : *Mémoires contenant quelques particularités sur la vie et les ouvrages de Jean Racine*, publié à Lausanne et à Genève en 1747. « Cette compilation bavarde a du moins le mérite de nous montrer que la légende de Racine est fondée sur une cinquantaine d'anecdotes et de faits mal attestés » (R. Picard, *op. cit.*, I, p. 21).

Tous les documents anciens concernant le poète ont été réunis par M. Raymond Picard dans son *Corpus Racinianum; Recueil-Inventaire des textes et documents du XVIIᵉ siècle concernant Jean Racine*, 1956.

Parmi les ouvrages critiques on retiendra, outre les très classiques pages de Taine, Brunetière, Faguet, Lemaître, Giraudoux ou Maulnier :

Jean-Jacques Roubine, *Lectures de Racine*, coll. U2, A. Colin, 1971 (en 300 pages de format poche, l'essentiel de la critique racinienne du XVIIᵉ siècle à nos jours, nombreux textes cités).

Raymond Picard, *La Carrière de Jean Racine*, Gallimard, 1956 (tout le sérieux de la critique universitaire : documentation, précision, érudition).

Lucien Goldmann, *Le Dieu caché*, Gallimard, 1959, rééd. coll. Tel. (Une analyse, dans la mouvance marxiste, de la vision tragique comme épiphénomène du jansénisme. Les thèses développées dans cet ouvrage important ont été reprises et condensées par Goldmann lui-même dans deux petits ouvrages de la collection « Travaux » aux Éd. de l'Arche : *Racine* et *Situation de la critique racinienne*).

Roland Barthes, *Sur Racine*, coll. Pierre Vives, Éd. du Seuil, 1963, rééd. coll. Points (de brillantes analyses, parfois « précieuses », mais toujours fourmillantes d'intelligence).

Charles Mauron, *L'Inconscient dans l'œuvre et la vie de Racine*, Corti, 1969 (application de la « psychocritique » à l'ensemble de l'œuvre; simpliste parfois malgré quelques aperçus intéressants).

M. Aldereth, « Introduction » à *Britannicus*, Classiques du peuple, Éditions sociales, 1970.

Sur le théâtre en général on pourra lire le classique ouvrage de Jacques Scherer, *La Dramaturgie classique en France*, Nizet, 1950, et le moderne *Lire le théâtre* d'Anne Ubersfeld, Classiques du peuple, Éditions sociales, 1977.

DISCOGRAPHIE

BRITANNICUS : un disque 33 tours 30 cm dans la collection des SÉLECTIONS SONORES BORDAS avec Michel BOUQUET, Jean TOPART, Maria CASARÈS, Denis MANUEL.

TABLE DES MATIÈRES

Imprimerie Berger-Levrault, Nancy – 778068-12-1983.
Dépôt légal : décembre 1983 – Dépôt 1re édition : 1961.
Imprimé en France.